Peruanische Küche

Essen wie bei den Inkas in Peru
Alte und neue Kochrezepte aus den Anden

Nariman Zeitun

Die Autorin und der Verlag bedanken sich bei allen, die sie mit Rezepten versorgt haben, damit dieses Buch auf dem deutschsprachigen Markt erscheinen konnte.

1. Auflage 2012 ☪ 3. Auflage 2018

Fotos: M. Nader Asfahani
Titelbild: Gundula Wagner
Übersetzung, Gestaltung, Herstellung und Satz:
Asfahani Verlag
Hausbrucher Straße 54 / D-21147 Hamburg
Federal Republic of Germany
Telefon 040-7967951 Fax 040-7967955
Email: info@asfahani.de
Internet: www.asfahani.de
ISBN 978-3-927459-76-2

☺ Alle Rezepte sind für 3 bis 4 Personen gedacht

Sachregister

Kurze Informationen

Achiote 7
Aji 7
Cassava 7
Cherimoy 7
Lucuma 8
Lulo 8
Quinoa 9
Yacon 9
Yam 9
Zapallo 9

Salate

Gemüsesalat 10
Fleischsalat 11
Kartoffelsalat 12
Quinoasalat 12
Yambohnensalat 13
Yambohnensalat mit Kresse 14
Tintenfischsalat 14
Kreolischer Salat 15

Vorspeisen

Tamales 16
Tamalesteig 16
Tamales-Maispüree 17
Tamales füllen und garen 17
Tamalesfüllung:
- Champignonfüllung 19
- Hähnchenfüllung-
  - Variante 1 20
  - Variante 2 20
  - Variante 3 21
  - Variante 4 22
- Maisfüllung 23
- Garnelenfüllung 24
- Kartoffelfüllung 24
- Fleischfüllung 25

Süßkartoffeln mit Käse 26
Gebratene Süßkartoffeln 27
Süßkartoffeln mit Hackfleisch 27
Knusprige Fischwürfel 28
Gefüllte Cassava mit Hackfleisch 29
Fleisch mit Reis in Folie 30
Hähnchenpastete 31
Gebratene Quinoa 33
Kreolische Muscheln 34
Kartoffeln mit Käsesoße 35
Kartoffeln mit Käse und Nüssen 36
Lachs Cebiche 37

Soßen und Gewürzte Beilagen

Scharfe Chilipaste:
Variante 1, mit frischem Chili 39
Variante 2, mit getrocknetem Chili 40
Kreolische scharfe Soße 40
Kreolische Zwiebelbeilage 41
Variante 2 41
Scharfe Zwiebel-Chili-Beilage 42
Gekochte grüne Chilisoße 43
Gekochte Zwiebelbeilage 44

Suppen

Quinoasuppe 45
Quinoasuppe mit Kartoffeln 46
Kreolische Suppe 48
Hähnchensuppe 49
Kartoffelsuppe mit Hähnchen 50
Hähnchensuppe mit Reis 51
Einfache Fischsuppe 52
Krabbensuppe 53
Maissuppe 55

Quinoagerichte

Quinoa kochen 56
Quinoa als Beilage für Hauptgerichte 57
Quinoa-Risotto mit Gemüse 57
Quinoa mit Krabben 58
Quinoaauflauf 59
Quinoa mit Karotten und Lauch 60

Reisgerichte

Reis kochen 61
Knoblauchreis 61
Reis mit Bohnen 62
Reis mit Meeresfrüchten 62
Reis mit verschiedenen Fleischsorten 64
Korianderreis mit Hühnerfleisch 65
Gebackener Reis mit Huhn 66
Ente mit Reis 67

Hülsenfrüchte

Scharfe Bohnen mit Walnüssen 69
Gewürzte Kichererbsen 70
Bohnen mit Fleisch 71

Nudelgerichte

Nudeln mit Huhn 72
Gebackene Nudeln 72
Spaghetti mit Fleisch 74
Spaghetti mit Huhn 75

Gemüsegerichte

Gekochter Ulluco 76
Ulluco in scharfer Soße 77
Kartoffelauflauf 78
Kartoffeln mit Zwiebelsoße 79
Kürbis in Chilisoße 80
Maisauflauf 81
Grüne Bohnen mit Knoblauch 82
Blumenkohl mit grünem Chili 83

Fleischgerichte

Fleisch mit getrockneten Kartoffeln 85
Rinderfilets mit Kartoffeln 86
Fleisch in Koriandersoße 86
Fleisch in Tamarindesoße 88
Fleisch in Essigsoße 88
Fleisch mit Papa Seca 89
Lammtopf 90
Fleisch mit Kartoffeln 91
Fleisch mit Gemüse 92
Fleisch mit Süßkartoffeln 93
Fleischtopf 94
Wildfleisch in Soße 94
Gewürzte Schweinefüße 95
Pansen in Gewürzsoße 96
Kalbsleber mit Kartoffeln 98

Yam

Geflügelgerichte

Hähnchen mit Quinoa 99
Hähnchen mit Mandeln 100
Gebackener Mais mit Huhn 101
Hähnchen in Peperonisoße 103
Hähnchen mit Walnüssen 104
Hähnchen in Erdnusssoße 105
Hähnchenkeulen mit Chili 106
Kalte Hähnchenplatte 107
3 Fleischsorten mit Kartoffeln 108
Gebratenes Hähnchenfleisch 109
Gefüllte Pute 110
Putenfleisch mit Erdnusssoße 113
Ente in Paprikasoße 114
Hähnchen oder Entenleber 115

Fischgerichte

Gegrillte Forellen 116
Getrockneter Fisch mit Gemüse 117
Gebratener Fisch 118
Gebratene Forellen 118
Fischfilets in Soße 119
Fisch in Kokosnussmilch 120
Fischfilets mit Kochbananen 121
Scharfe Garnelen 122
Garnelen mit Gemüse 123

Nachspeisen

Quinoaecken 125
Süße Bohnen 126
Kürbispudding 126
Reispudding 127
Tamarillokompott 128

Taro

Kurze Informationen

Achiote oder Achuete, wird auch Annatto genannt:

Samen das Annattobaumes. In Pulverform färbt es die Gerichte rötlich und gibt ihnen einen milden Peperonigeschmack.
Die Samen müssen, bevor man sie verwendet, in heißem Öl gebraten werden. Zerdrückt kann man sie dann in Gerichten verwenden.

Aji (findet man selten in Deutschland):

Scharfe Peperoni. In Peru gibt es viele Ajisorten mit verschiedenen Geschmacksrichtungen, von mild bis sehr scharf. Beim Arbeiten mit Chili, Handschuhe anziehen.

Cassava wird auch Yuca, Maniok, Tapioka oder Gari genannt:

Die Knollen das Cassava werden als Kochgemüse verwendet (wie Kartoffeln).
Cassava ist das ganze Jahr über auf dem Markt erhältlich.

Cherimoya oder Annone:

Diese Obstsorte (Zitrusfrucht) sieht aus wie Artischocken oder große Beeren und hat keinen einheitlichen Namen. Weltweit gibt es über 100 Sorten von Annonen. In Deutschland gibt es 3 bzw. 4 Annonensorten:

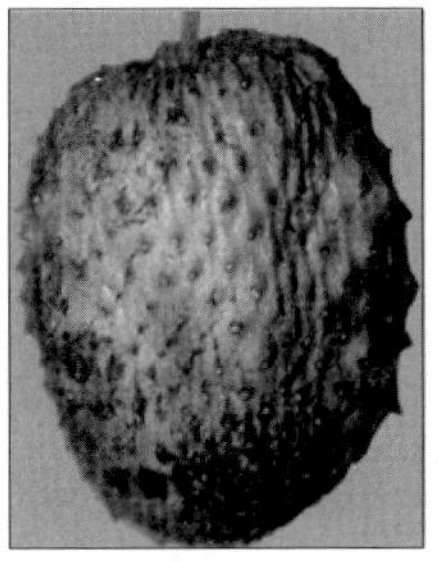

Netzannonen, Cherimoya (meist importierte Sorte) und Stachelannonen.

Chuno und Papa Seca:

Gefriergetrocknete Kartoffelsorten aus Peru.

Die beiden Sorten sehen aus wie kleine Steine und sind sehr hart, deshalb brauchen sie beim Kochen längere Zeit zum garen. Deshalb weicht man sie vorher in kaltem Wasser ein.

Die beiden Sorten bekommt man in Südamerikanischen Märkten. Ein Beutel von 500 g kostet ca. 2€.

Lucuma:

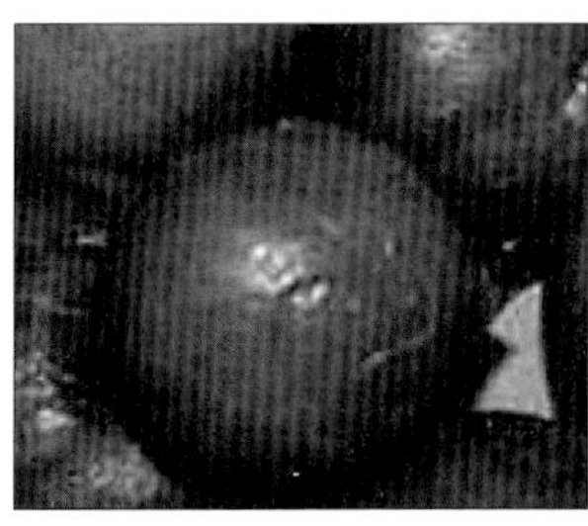

Lucumabäume wachsen in Südamerika und auch in Afrika und Südostasien. Die Bäume sind ca. 10 Meter hoch und ihre Früchte sind so groß wie Tomaten. Die Schalen bestehen aus einer sehr dünnen, glänzenden, Silberpapierähnlichen Haut ,die die inneren, dunklen Schalen schützen.

Das Fruchtfleisch riecht und schmeckt ähnlich wie Walnüsse.

Das Fruchtfleisch kann man mit Eis oder Schlagsahne servieren oder auch mit Gewürzen bestreuen und servieren.

Lulo:

Lulo ist eine Beerenfrucht. Die einzelnen Beeren sind 2 bis 6 cm groß und sehen aus wie kleine Tomaten: Die unreifen Früchte haben eine grüne Farbe, die sich bei voller Reife, in rot oder orange ändert.

Das Lulofruchtfleisch schmeckt süß/ sauer wie Ananas und die vielen kleinen Samen des Fruchtfleisches sind essbar.

Lulofrüchte werden nicht exportier, da sie sehr empfindlich sind.

Quinoa, das Korn der Inka:

Quinoa, wird auch Inkakorn, Heidenkorn oder Perureis genannt. Es ist eine der ältesten Kulturpflanzen Südamerikas. Sie war und ist bis heute in den südamerikanischen Anden das wichtigste Nahrungsmittel.

Quinoa zählt zu den Gänsefußgewächsen und ist mit dem Spinat, Mangold und Rote Bete verwandt. Man kann nicht nur die Körner zur Herstellung von Gerichten verwenden, sondern auch die Blätter. Sie werden als Gemüse gegessen. Die Pflanze, die über zwei Meter hoch werden kann, hat je nach Sorte verschiedenfarbige Samen von weiß bis schwarz. In Deutschland werden meistens die hellen Sorten angeboten.
Der Quinoa wird mühsam mit der Hand geerntet, da die Körner ungleich reifen. Deshalb lohnt sich der konventionelle Anbau nicht.

Yacon:

Knollengewächs, wird bis in 3000 Meter Höhe angebaut. Die einzelnen Knollen wiegen ca. 2 kg. Die Schalen sind rot und das Fruchtfleisch hat eine gelbe Farbe.
Die Knollen werden nach dem Schälen roh gegessen oder Salaten beigemischt. Die Knollen werden auch als Kochgemüse verwendet.

Yam:

Knollen, die man wie Kartoffeln kochen und essen kann.

Zapallo:

Peruanische Kürbisse, die einzelnen Kürbisse wiegen über 10 kg. Auf den Märkten werden die Zapallo in Stücke geschnitten und verkauft.

Salate

Gemüsesalat

Zutaten:

250 g Kartoffeln, gar kochen, pellen und in kleine Stücke schneiden
1 große Karotte, schaben, in Ringe schneiden, kochen, in ein Sieb geben und abtropfen lassen
1 Rote Bete, gar kochen, Schale entfernen und in kleine Stücke schneiden
1 Tasse frische Erbsen, gar kochen, in ein Sieb geben und abtropfen lassen
1 Bund Lauchzwiebeln, in kleine Stücke schneiden
Olivenöl
Zitronensaft oder etwas Essig
Salz
Pfeffer
Prise Chilipulver

Man kann auch andere Gemüsesorten verwenden.

So wird es gemacht:

☺ Alle gekochten Zutaten und Lauchzwiebeln in eine Schale geben und gut vermengen ➟ mit Salz, Pfeffer, Chilipulver, Olivenöl und Zitronensaft abschmecken und servieren.

Fleischsalat

Zutaten:

150 bis 200 g Rindfleisch, waschen, in kleine Würfel schneiden und abtropfen lassen
1/2 Salatkopf, Blätter in kleine Stücke zerkleinern, waschen und abtropfen lassen
1 kleine Zwiebel, schälen und in kleine Würfel schneiden
1 große Tomate, waschen, halbieren, Stielansatz abschneiden und in kleine Würfel schneiden
1/2 Bund Petersilie, Blätter waschen und grob hacken
1 Esslöffel gehackter, frischer Koriander. Ersatzweise 1 Teelöffel getrockneter Koriander
Salz
Pfeffer
Prise Chilipulver
1 bis 2 Esslöffel Olivenöl
Zitronensaft oder Essig
Öl, zum Braten

So wird es gemacht:

☺ Alle Zutaten, außer Fleisch, in eine Schale geben und gut vermengen.
☺ Die Fleischwürfel gar kochen, in ein Sieb geben und abtropfen lassen.
☺ Etwas Öl in einer Pfanne erhitzen ➡ gekochte Fleischwürfel dazugeben und braten, bis sie Farbe annehmen ➡ zu den restlichen Zutaten geben, gut vermengen, abschmecken und servieren.

Kartoffelsalat

Zutaten:

2 bis 3 Kartoffeln, gar kochen, pellen, in große Stücke schneiden und in eine Schale geben
1 Tomate, waschen, halbieren, Stielansatz abschneiden und in etwas größere Stücke schneiden
1 Esslöffel gehackte, frische Petersilie
1 bis 2 Esslöffel Olivenöl
Zitronensaft oder Essig
Salz
Pfeffer

So wird es gemacht:

☺ Alle Zutaten in eine Schale geben und gut vermengen ➟ mit Salz, Pfeffer und Zitronensaft oder Essig abschmecken und servieren.

✿✿✿✿✿✿✿✿✿✿

Quinoasalat

Zutaten:

1 Tasse Quinoa
1 kleine Zwiebel, schälen und fein hacken
1 Bund Petersilie, Blätter waschen und hacken
1/2 Salatkopf, Blätter waschen und zerkleinern
1 Esslöffel gehackte Pfefferminzblätter
Saft einer Zitrone
3 bis 4 Esslöffel Olivenöl
Etwas Essig
Salz
Pfeffer

So wird es gemacht:

☺ 2 Tassen Wasser in einen Topf geben und zum Kochen bringen, Quinoa dazugeben, 10 bis 15 Minuten bei mittlerer

Hitze garen. Eventuell überschüssiges Wasser abgießen.
☺ Alle Zutaten in eine Schale geben, gut vermengen, mit Salz, Pfeffer und Essig abschmecken und servieren.

Yambohnensalat

Zutaten:

1 mittelgroße Yambohne (ca. 250 bis 300 g), halbieren, schälen und in feine Streifen oder Würfel schneiden
1 kleine, lange, milde Peperoni, Stielansatz abschneiden, der Länge nach halbieren, Samen entfernen und fein hacken
1 kleine grüne, lange, milde Peperoni, Stielansatz abschneiden, der Länge nach halbieren, Samen entfernen und fein hacken
1 Esslöffel gehackter, frischer Koriander
1 kleine Zwiebel, schälen und fein hacken
1 kleine Gurke, schälen und in kleine Würfel schneiden
Zitronensaft
Salz
Pfeffer
Prise Chilipulver

So wird es gemacht:

☺ Alle Zutaten in eine Schale geben und gut vermengen ➡ mit Salz, Pfeffer, Chilipulver und Zitronensaft abschmecken. Vor dem Servieren ca. 1 Stunde in den Kühlschrank stellen.

Yambohnensalat mit Kresse

Zutaten:

1 mittelgroße Yambohne (ca. 250 bis 300 g), halbieren, schälen und in feine Streifen oder Würfel schneiden
1 Bund Wasserkresse, Blätter gründlich waschen und eventuell harte Stellen abschneiden
Zitronensaft
3 bis 4 Esslöffel Olivenöl
Salz
Pfeffer

So wird es gemacht:

☺ Alle Zutaten in eine Servierschale geben, mit Salz, Pfeffer und Zitronensaft abschmecken und servieren.

❁❁❁❁❁❁❁❁❁❁

Tintenfischsalat

Zutaten:

500 g Tintenfisch oder Kalamaris, beim Fischhändler säubern lassen, gründlich waschen und zerkleinern
1 Kartoffel, schälen, kochen und in kleine Würfel schneiden
1 lange, milde Peperoni, Stielansatz abschneiden, der Länge nach halbieren, Samen entfernen und hacken
1 Karotte, schälen und in Würfel schneiden
Handvoll frische Erbsen, gar kochen
2 Tomaten, halbieren, Stielansätze abschneiden und hacken
1 Bund Lauchzwiebeln, hacken
1 Esslöffel gehackte Petersilie
Zitronensaft
Salz
Pfeffer
1 bis 2 Esslöffel Olivenöl

Kopfsalat, Blätter waschen

So wird es gemacht:

☺ Tintenfisch– oder Kalamarisstücke in einen Topf geben, mit Wasser bedecken und ca. 20 bis 25 Minuten gar kochen ➟ in ein Sieb geben, abtropfen und abkühlen lassen.

☺ Olivenöl, etwas Salz, Pfeffer und Zitronensaft in eine Servierschale geben und rühren ➟ die restlichen Zutaten dazugeben und gut vermengen abschmecken und mit Salatblättern servieren.

❁❁❁❁❁❁❁❁❁❁

Kreolischer Salat

Zutaten:

1 Zwiebel, schälen und hacken
1 große Tomate, halbieren, Stielansatz abschneiden und in ca. 1 cm große Stücke schneiden
200 g Mozzarellakäse, in kleine Würfel schneiden
1 Ei, hart kochen, Schale entfernen und in Würfel schneiden
1 Esslöffel gehackte Petersilie
Zitronensaft
Salz
Pfeffer

So wird es gemacht:

☺ Alle Zutaten in eine Schale geben, mit Salz, Pfeffer und Zitronensaft abschmecken und servieren.

Vorspeisen

Tamales

Tamales sind gefüllter Teig aus Maismehl oder Maispüree. Traditionell werden die Tamales mit getrockneten Maiskolbenblättern, Maisblättern oder Bananenblättern (nicht die grünen Blätter) umhüllt und mit einem Faden festgebunden, damit sie beim Kochen nicht aufgehen. Danach werden die gefüllten Blätter in einem Dampfkochtopf gedämpft und bei mittlerer Hitze ca. 1½ Stunden gegart. Man kann die gefüllten Blätter auch in eine tiefe Pfanne legen, mit Wasser bedecken, Pfanne zudecken und bei mittlerer Hitze garen.

Ersatzweise, kann man Alufolie verwenden.

Tamalesteig

Zutaten:

4 Tassen Maismehl
6 Tassen heißes Wasser
1 Teelöffel Achiotepulver (siehe Seite 6), in 1 Esslöffel heißem Öl auflösen
1 kleine, gelbe Chilischote (Aji Amarillo), Stielansatz abschneiden, der Länge nach halbieren, Samen entfernen und fein hacken
4 bis 5 Esslöffel Maiskornöl
Salz

Die Masse reicht für ca. 20 Tamales

So wird es gemacht:

☺ Maismehl, aufgelöstes Achiotepulver, Chili, Salz und Öl in eine Schale geben und gut vermengen ➟ heißes Wasser nach und nach dazugeben und gut vermengen und beiseite stelle. Danach kann man die Füllung vorbereiten.

Tamales-Maispürree

Zutaten:

500 g Maiskörner, frisch oder tiefgefroren: Falls tiefgefrorene Maiskörner verwendet werden, vor dem Kochen abtauen lassen
1 Teelöffel Achiotepulver (siehe Seite 6), in 1 Esslöffel heißem Öl auflösen
Salz und Pfeffer
2 bis 3 Esslöffel Maismehl

So wird es gemacht:

☺ Maiskörner in reichlich Wasser gar kochen, in ein Sieb geben und abtropfen lassen.

☺ Alle Zutaten in eine Schale geben und gut vermengen, dann mit einer Küchenmaschine pürieren, Maismehl unterrühren, abschmecken und ca. 1 Sunde stehen lassen.

Tamales füllen und garen

☺ Blätter unter fließendem Wasser gründlich waschen und mit einem Küchentuch abtrocknen. Dann das untere, harte Blattende abschneiden.

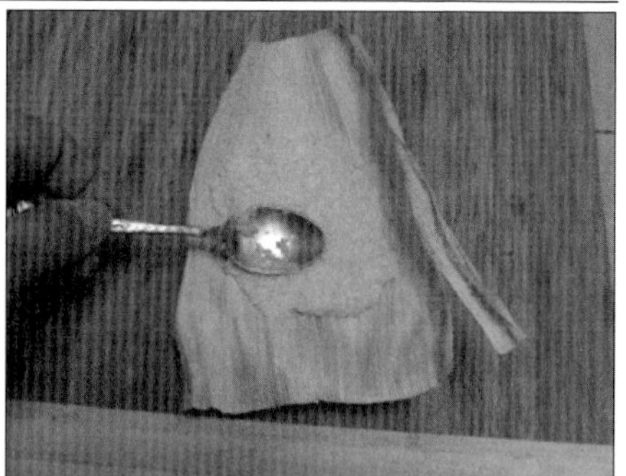

☺ 1 großes Blatt oder 2 Blätter überlappend auf die Arbeitsplatte legen, ca. 1 cm Teig darauf geben und glätten.

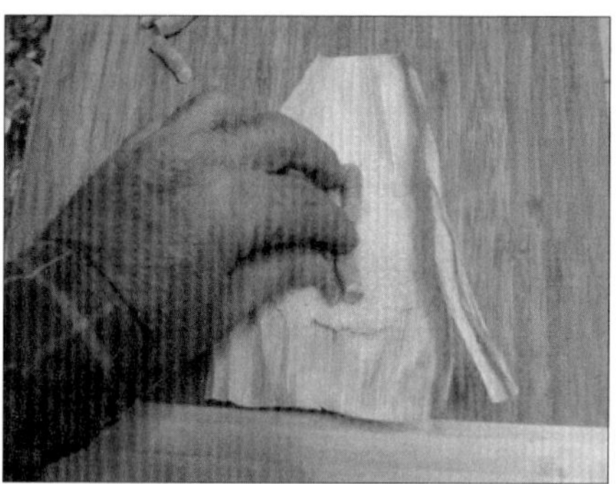
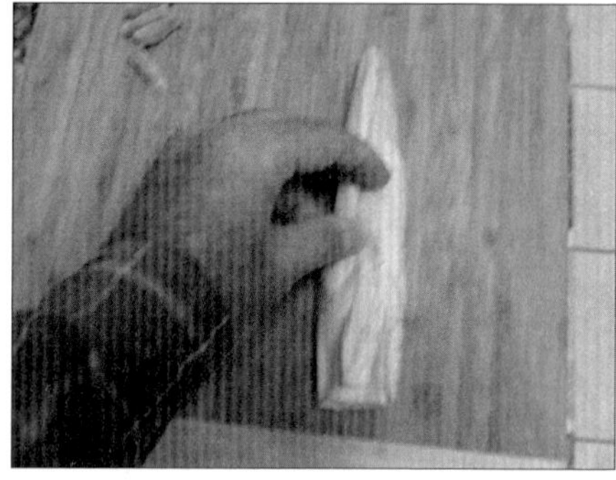

☺ Füllung in die Mitte geben und etwas eindrücken, dann das Blatt zu einer Rolle formen.

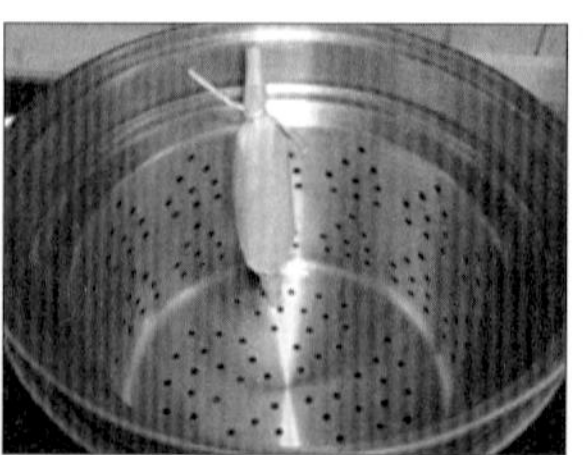
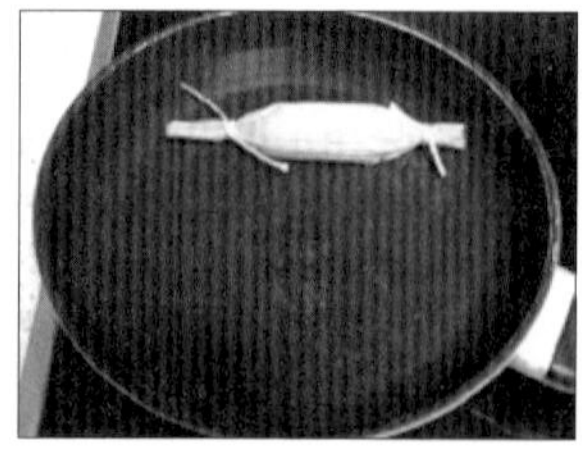

☺ Die Enden mit einem Faden festbinden.
☺ Die gefüllten Blätter in einem Dampfkochtopf dämpfen und bei mittlerer Hitze ca. 1½ Stunden garen. Man kann die gefüllten Blätter auch in eine tiefe Pfanne legen, mit Wasser bedecken, Pfanne zudecken und bei mittlerer Hitze garen.

Tamalesfüllung
Champignonfüllung

Zutaten:

250 g Champignons, Sorte nach Belieben, putzen und in dünne Streifen schneiden
1 Zwiebel, schälen und fein hacken
1 Knoblauchzehe, schälen, mit etwas Salz in einen Mörser geben und zerdrücken
2 bis 3 Esslöffel gehackte Petersilie
1 bis 2 Chilischoten (Schärfe nach Belieben), Stielansätze abschneiden, der Länge nach halbieren, Samen entfernen und fein hacken
Salz
Pfeffer
Öl

So wird es gemacht:

☺ Etwas Öl in einer Pfanne erhitzen ➟ Zwiebeln dazugeben und glasig dünsten ➟ Knoblauchpaste dazugeben und kurz dünsten ➟ Chili dazugeben und kurz dünsten ➟ Champignons untermengen und ein paar Minuten dünsten ➟ Petersilie untermengen, mit Salz und Pfeffer abschmecken ➟ Pfanneninhalt rausnehmen und auf Küchenpapier geben, damit das überschüssige Öl entfernt wird und abkühlen lassen.

❄❄❄❄❄❄❄❄❄❄❄

Hähnchenfüllung - Variante 1

Zutaten:

250 bis 300 g Hähnchenfleisch, in kleine Würfel schneiden
1 Bund Lauchzwiebeln, nur den weißen Teil verwenden, hacken
1 Teelöffel Chilipulver, Schärfe nach Geschmack
2 Knoblauchzehen, schälen, mit etwas Salz in einen Mörser geben und zerdrücken
Salz
Öl, zum Braten

So wird es gemacht:

☺ Etwas Öl in eine Pfanne geben und erhitzen ➟ Hähnchenfleisch und Knoblauch dazugeben und braten, bis das Fleisch fast gar ist ➟ Lauchzwiebeln, Chili und etwas Salz dazugeben und gar braten ➟ abschmecken ➟ Füllung aus der Pfanne nehmen, auf Küchenpapier geben und abkühlen lassen.

❄❄❄❄❄❄❄❄❄❄❄

Hähnchenfüllung - Variante 2

Zutaten:

250 bis 300 g Hähnchenbrust, in dünne Streifen schneiden, waschen und abtropfen lassen
1 Zwiebel, schälen und in dünne Streifen schneiden
Handvoll Oliven, entkernen und in dünne Streifen schneiden
1 lange Chilischote, Sorte und Schärfe nach Geschmack, Stielansatz abschneiden, der Länge nach halbieren, Samen entfernen und in feine Streifen schneiden
Oregano, Menge nach Geschmack
Salz

Pfeffer
Öl, zum braten

So wird es gemacht:

☺ Etwas Öl in einer Pfanne erhitzen ➟ Zwiebeln, Oregano, Chili, Oliven und etwas Salz und Pfeffer dazugeben, gut vermengen und ein paar Minuten dünsten ➟ aus der Pfanne nehmen und abkühlen lassen.
☺ Hähnchenstreifen in die gleiche Pfanne geben, mit Salz und Pfeffer bestreuen und kurz braten, aus der Pfanne nehmen und abkühlen lassen.

❄❄❄❄❄❄❄❄❄❄❄

Hähnchenfüllung Variante 3- Einfache Füllung

Zutaten:

250 g Hähnchenfleisch
Salz
Pfeffer
Etwas Oregano

So wird es gemacht:

☺ Hähnchenfleisch gar kochen, in kleine Würfel schneiden, mit Salz, Pfeffer und Oregano abschmecken und beiseite stellen.

❄❄❄❄❄❄❄❄❄❄❄

Hähnchenfüllung Variante 4- Mit Tomaten

Zutaten:

250 g gekochtes und in Würfel geschnittenes Hähnchenfleisch
4 Tomaten
1 Zwiebel, schälen und fein hacken
1 Knoblauchzehe, schälen und mit etwas Salz zerdrücken
2 Esslöffel gehackter, frischer Koriander, ersatzweise
1 Teelöffel getrockneter Koriander
1 Esslöffel gehackte Petersilie
Chilipulver, Menge nach Geschmack
Salz
Pfeffer
Öl, zum Braten

So wird es gemacht:

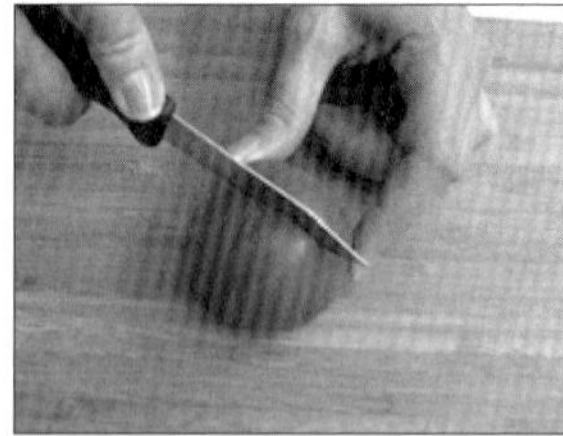

☺ Tomatenhaut mit einem scharfen Messer anritzen ➞ in einen Topf geben und mit kochendem Wasser überbrühen und ein paar Minuten in kochendem Wasser stehen lassen ➞

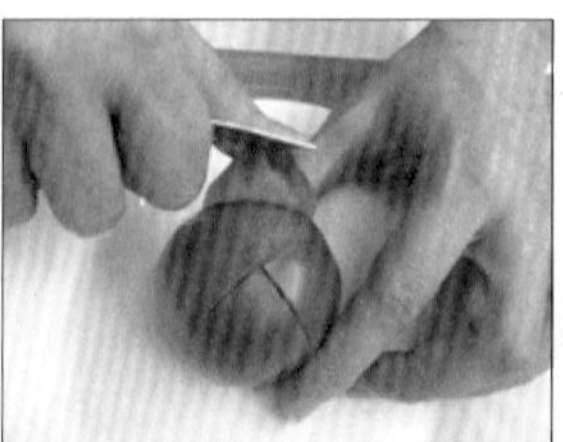
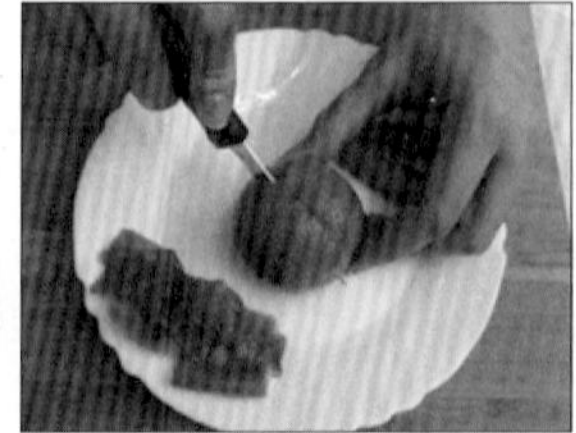

dann die Tomaten aus dem Topf nehmen, Haut abziehen,

halbieren, Stielansätze abschneiden, Samen entfernen und hacken.

☺ Etwas Öl in einer Pfanne erhitzen ➟ Zwiebeln dazugeben und glasig dünsten ➟ Knoblauchpaste dazugeben und gut vermengen ➟ gehackte Tomaten untermengen und dünsten, bis die Flüssigkeit fast verdampft ist ➟ Hähnchenfleisch, Koriander und Petersilie dazugeben und gut vermengen ➟ mit Salz, Pfeffer und Chilipulver abschmecken, ein paar Minuten köcheln lassen ➟ Pfanne vom Herd nehmen und abkühlen lassen.

****

Maisfüllung

Zutaten:

200 bis 250 g frische oder tiefgefrorene Maiskörner. Falls tiefgefrorene Maiskörner verwendet werden, vorher abtauen lassen
50 g verschiedene Käsesorten, reiben
1 kleine Chilischote, Sorte und Schärfe nach Geschmack, Stielansatz abschneiden, der Länge nach halbieren, Samen entfernen und fein hacken oder zerdrücken
2 Knoblauchzehen, schälen, mit etwas Salz in einen Mörser geben und zerdrücken
1 kleine Zwiebel, schälen und fein hacken
Salz
Pfeffer
Öl oder Butter

So wird es gemacht:

☺ Maiskörner gar kochen, in ein Sieb geben und abtropfen lassen.

☺ Etwas Öl oder Butter in eine Pfanne geben und erhitzen ➟ Zwiebeln dazugeben und glasig dünsten ➟ Knoblauch untermengen und kurz dünsten ➟ Maiskörner dazugeben, salzen und 4 bis 5 Minuten garen ➟ zerdrückten Chili untermengen und weitere 1 bis 2 Minuten garen ➟ mit Salz und Pfeffer abschmecken ➟ Pfanne vom Herd nehmen und abkühlen lassen ➟ geriebenen Käse darüber geben und gut vermengen.

❄❄❄❄❄❄❄❄❄❄

Garnelenfüllung

Zutaten:

100 bis 150 g Krabbenfleisch
2 bis 3 Lauchzwiebeln, fein hacken
1 lange Chilischote, Schärfe nach Geschmack, der Länge nach halbieren, Samen entfernen und fein hacken
Salz
Öl oder Butter

So wird es gemacht:

☺ Etwas Butter oder Öl in einer Pfanne erhitzen ➟ Lauchzwiebeln und Chili dazugeben und dünsten, bis sie weich sind ➟ mit Salz abschmecken ➟ Krabben dazugeben, gut vermengen und 4 bis 5 Minuten köcheln lassen ➟ Pfanne vom Herd nehmen und abkühlen lassen.

❄❄❄❄❄❄❄❄❄❄

Kartoffelfüllung

Zutaten:

4 große Kartoffeln, schälen und waschen
1 Zwiebel, schälen und fein hacken
2 lange Chilischoten, Schärfe nach Geschmack, Stielansätze abschneiden, der Länge nach halbieren, Samen entfernen und fein hacken
1 Knoblauchzehe, schälen, mit etwas Salz in einen Mörser geben und zerdrücken
1 Tomate, halbieren, Stielansatz und Kerne entfernen und fein hacken

Salz
Pfeffer
Öl, zum Braten

So wird es gemacht:

☺ Kartoffeln in Salzwasser gar kochen ➟ in ein Sieb geben und abtropfen lassen, dann in kleine Würfel schneiden.
☺ Etwas Öl in einer Pfanne erhitzen ➟ Zwiebeln dazugeben und glasig dünsten, Knoblauchpaste und Chili dazugeben und gut vermengen ➟ Tomaten untermengen und dünsten, bis die Flüssigkeit fast verdampft ist ➟ Kartoffeln untermengen, mit Salz und Pfeffer abschmecken und ein paar Minuten köcheln lassen ➟ Pfanne vom Herd nehmen und abkühlen lassen.

❄❄❄❄❄❄❄❄❄❄❄

Fleischfüllung

Zutaten:

200 bis 250 g Rindfleisch, in sehr kleine Würfel schneiden, waschen und abtropfen lassen
1 Zwiebel, schälen und fein hacken
1 Tomate, halbieren, Stielansatz abschneiden und fein hacken
1 Esslöffel Oregano
2 Esslöffel gehackte Petersilie
1 Esslöffel gehackter Koriander
Kreuzkümmelpulver, Menge nach Geschmack
Salz
Pfeffer
Öl oder Butter, zum Braten
Folgende Zutaten mit etwas Salz in einen Mörser geben und zerdrücken:

2 Knoblauchzehen, schälen
1 Chilischote, Schärfe nach Geschmack, der Länge nach halbieren, Samen entfernen und hacken

So wird es gemacht:

☺ Etwas Öl oder Butter in einer Pfanne erhitzen ➟ Zwiebeln dazugeben und glasig dünsten ➟ Knoblauch-Chilipaste untermengen ➟ ca. 1/2 Minute dünsten ➟ Fleischwürfel dazugeben und braten, bis sie Farbe annehmen ➟ Tomaten, Petersilie, Koriander, Kreuzkümmel, Salz und Pfeffer dazugeben und gut vermengen ➟ Köcheln lassen, bis die Flüssigkeit verdampft ist ➟ abschmecken und abkühlen lassen.

❄❄❄❄❄❄❄❄❄❄

Süßkartoffeln mit Käse

Zutaten:

500 g Süßkartoffeln
150 bis 200 g ungesalzenen Käse, zum Beispiel Mozzarella, in feine Streifen schneiden
2 Eier, aufschlagen, in eine Schale geben und verrühren
Salz
Pfeffer
Öl

So wird es gemacht:

☺ Kartoffeln in einen Topf geben, mit Wasser bedecken und gar kochen, durch ein Sieb geben, abtropfen und kurz abkühlen lassen ➟ Kartoffeln pellen und pürieren.

☺ Salz und Pfeffer zu den Eiern geben und gut verrühren.

☺ Öl in einer Pfanne erhitzen.

☺ Handvoll Kartoffelpüree nehmen und zu einer Kugel formen, in die Mitte eine Mulde drücken, etwas Käse hinein geben ➟ die Öffnung mit etwas Kartoffelpüree verschließen und zwischen den Handflächen länglich formen, dann in Ei tauchen und in heißem Öl braten.

❄❄❄❄❄❄❄❄❄❄

Gebratene Süßkartoffeln

Zutaten:

250 g Süßkartoffeln, waschen (nicht schälen)
Salz
Öl zum Braten

So wird es gemacht:

☺ Süßkartoffeln in einen Topf geben ➟ mit Wasser bedecken und 8 bis 9 Minuten kochen lassen (halb gar kochen) ➟ in ein Sieb geben und abkühlen lassen ➟ pellen und in Scheiben schneiden.
☺ Öl in einer Pfanne erhitzen ➟ Kartoffelscheiben dazugeben und goldbraun braten ➟ aus der Pfanne nehmen ➟ abtropfen lassen, mit etwas Salz bestreuen und servieren.
✱ Auf die gleiche Art kann man Cassava, Yam, Kochbananen oder Pfeilwurz vorbereiten.

❄❄❄❄❄❄❄❄❄❄

Süßkartoffeln mit Hackfleisch

Zutaten:

3 mittelgroße Süßkartoffeln, waschen
150 g Hackfleisch
1 Zwiebel, fein hacken
1 bis 2 Knoblauchzehen, mit etwas Salz zerdrücken
2 bis 3 Eier, aufschlagen, in eine Schale geben und verrühren
2 Esslöffel gehackte Petersilie
Paniermehl, auf einem Teller verteilen
Salz
Pfeffer
Öl, zum Braten

So wird es gemacht:

☺ Süßkartoffeln in einen Topf geben, mit Wasser bedecken und gar kochen ➟ in ein Sieb geben und abtropfen lassen, dann pellen und pürieren.

☺ Öl in einer Pfanne erhitzen ➟ Zwiebeln dazugeben und glasig dünsten ➟ Knoblauchpaste, Petersilie, Salz und Pfeffer untermengen und kurz dünsten ➟ Hackfleisch untermengen und braten, bis die Flüssigkeit verdampft ist und das Hack Farbe annimmt ➟ Pfanne vom Herd nehmen und abkühlen lassen.

☺ Kartoffelpüree und ein Ei zum Hackfleisch geben und gut vermengen.

☺ Öl in einer Pfanne erhitzen ➟ Kartoffelmischung zu kleinen Bällchen formen, in Ei tauchen, dann in Paniermehl wälzen und goldbraun braten ➟ mit Salat servieren.

❄❄❄❄❄❄❄❄❄❄

Knusprige Fischwürfel

Zutaten:

2 Fischfilets, Sorte nach Belieben, in ca. 2 cm Würfel schneiden, waschen und abtropfen lassen
1/2 Tasse Mehl
2 Knoblauchzehen, schälen, mit etwas Salz in einen Mörser geben und zerdrücken
Chilipulver, Schärfe und Menge nach Belieben
Salz und Pfeffer
Öl, zum Braten

So wird es gemacht:

☺ Alle Zutaten in eine Schale geben, gut vermengen und für ca. 1 Stunde kühl stellen.

☺ Öl in einer Pfanne erhitzen ➟ 1 Kelle Fischstücke in die Pfanne geben, gut verteilen und ein paar Minuten knusprig braten. Mit den restlichen Fischstücken genauso verfahren, bis alles verbraucht ist.

Gefüllte Cassava (Yuca) mit Hackfleisch

Zutaten:

500 g Cassava (Yuca), schälen und in Würfel schneiden
150 g Hackfleisch
1 Zwiebel, schälen und fein hacken
1 Tomate, halbieren, Stielansatz abschneiden und fein hacken
1 Esslöffel gehackte Petersilie
1/4 Teelöffel Kreuzkümmelpulver
1 Teelöffel getrockneter Oregano
1/2 Teelöffel mildes Paprikapulver
Salz und Pfeffer
Öl

So wird es gemacht:

☺ Cassavawürfel in einen Topf geben, mit Wasser bedecken und gar kochen, durch ein Sieb geben und abtropfen lassen ➟ kurz abkühlen lassen, dann pürieren ➟ einen Esslöffel Öl dazugeben und gut vermengen.

☺ Etwas Öl in einer Pfanne erhitzen ➟ Hackfleisch dazugeben und braten, bis es Farbe annimmt und die Flüssigkeit verdampft ist ➟ Zwiebeln, Tomaten, Oregano, Petersilie, Paprikapulver, Salz und Pfeffer dazugeben, gut vermengen und dünsten, bis die Flüssigkeit verdampft ist ➟ Pfanne vom Herd nehmen und abkühlen lassen.

☺ Cassavapüree zu kleinen Kugeln formen, in jede Kugel eine Mulde drücken, Hackfleischmasse in die Mulde geben und Mulde verschließen.

☺ Öl in einer tiefen Pfanne erhitzen, die gefüllten Cassavabällchen hinein geben und 2 bis 3 Minuten braten, dann aus der Pfanne nehmen, auf Küchenpapier geben, damit das überschüssige Öl entfernt wird und warm servieren.

Fleisch mit Reis in Folie

Zutaten:

1 Tasse Reis, waschen und abtropfen lassen
2 Tassen Wasser
1/2 Tasse in feine Streifen geschnittenes Hähnchenfleisch, waschen und abtropfen lassen
2 Eier, aufschlagen, in eine Schale geben und rühren
2 Knoblauchzehen, schälen und fein hacken oder mit etwas Salz in einen Mörser geben und zerdrücken
Handvoll Oliven, in Streifen schneiden
Chilipulver, Schärfe und Menge nach Geschmack
Salz
Pfeffer
Öl oder Butter
Alufolie

Das Rezept kann man auch mit Yuca oder Yam herstellen.

So wird es gemacht:

☺ Etwas Öl in einer Pfanne erhitzen ➟ Knoblauch und Chilipulver dazugeben und kurz dünsten ➟ aus der Pfanne nehmen und beiseite stellen.

☺ Die Hähnchenstreifen in derselben Pfanne kurz braten, bis sie ihre Farbe ändern, Oliven untermengen und Pfanne beiseite stellen.

☺ Reis, 2 Tassen Wasser und ca. 1 Teelöffel Salz in einen Topf geben, Topf zudecken und kurz zum Kochen bringen, dann bei schwacher Hitze ca. 15 Minuten köcheln lassen, bis der Reis trocken und fast gar ist ➟ Topf vom Herd nehmen und abkühlen lassen.

☺ Den kalten Reis in eine Schale geben ➟ Eier, gedünsteten Knoblauch und etwas Pfeffer dazugeben und gut vermengen.

4 Seiten Alufolie (ca. 30x30 cm) auf einem Arbeitstisch auslegen ➟ die Hälfte der Reismischung auf den Folien verteilen und glätten ➟ Hähnchenfleisch und gehackte Oliven darauf verteilen, dann den restlichen Reis darauf geben und

glätten ➞ die einzelnen Alufolien zu viereckigen Päckchen verschließen und in eine große Pfanne geben ➞ mit Wasser bedecken ➞ Pfanne zudecken und ca. 30 Minuten kochen lassen ➞ warm mit Soße servieren.

❄❄❄❄❄❄❄❄❄❄

Hähnchenpastete

Zutaten für den Teig:

4 Tassen Mehl, sieben
Warmes Wasser
250 g weiche Butter oder Margarine
1 Teelöffel Salz
1 Teelöffel Zucker
1/4 Teelöffel Hefepulver

Zutaten für den Teig:

250 g Hähnchenfleisch, in Würfel schneiden, waschen und abtropfen lassen
1 Kartoffel, schälen und in kleine Würfel schneiden
Handvoll frische Erbsen
2 bis 3 Karotten, schälen und in Scheiben schneiden
1 große Tomate, halbieren, Stielansatz abschneiden und hacken
1 Zwiebel, schälen und hacken
Kreuzkümmelpulver, Menge nach Geschmack
1/2 Teelöffel mildes Paprikapulver
Salz
Pfeffer
Öl

So wird es gemacht:

☺ Teig herstellen:

Mehl in eine Schale geben und in die Mitte eine Mulde drücken ➞ etwas Wasser und Hefe in die Mulde geben und stehen lassen, bis die Hefe aufgeht ➞ Salz, Zucker, Butter und etwas Wasser dazugeben und zu einem Teig verkneten

➟ den Teig in Mehl wälzen, in eine durchsichtige Folie hüllen und kühl stellen.

☺ Füllung herstellen:

Kartoffeln, Karotten und Erbsen in einen Topf geben, mit Wasser bedecken, etwas Salz dazugeben und gar kochen ➟ durch ein Sieb geben und abtropfen lassen.

Etwas Öl in einer Pfanne erhitzen ➟ Zwiebeln dazugeben und glasig dünsten ➟ Tomaten und Gewürze untermengen und kurz dünsten ➟ Hähnchenfleisch dazugeben und garen, bis die Flüssigkeit verdampft ist ➟ gekochtes Gemüse untermengen, abschmecken und die Füllung aus der Pfanne nehmen und beiseite stellen.

☺ Pastete herstellen:

Teig in 10 Teile teilen und zu Kugeln formen, in Mehl wälzen und zu Fladen ausrollen (oder eckig) ➟ die Füllung auf den Fladen verteilen (auf eine Seite geben) ➟ die leeren Seiten über die Füllung legen (Halbmond) und die Ecken zusammendrücken, dann seitlich hochheben und mit den Fingern rollen, oder mit der Gabel die Ecken pressen, damit die Füllung beim Braten nicht auslaufen kann. Dann mit einer Gabel Löcher in die Pasteten stechen.

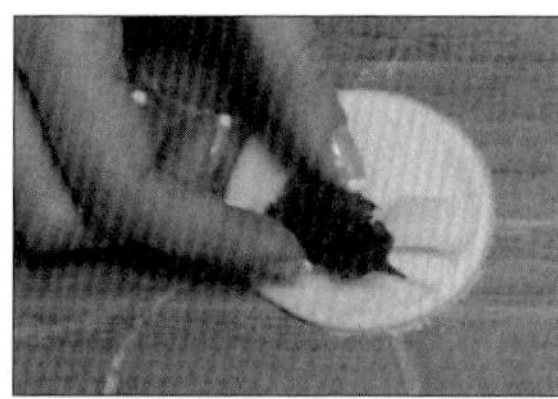

Backofen auf 180°C vorheizen ➟ die gefüllten Pasteten auf ein gefettetes Backblech geben und im Backofen für ca. 15 Minuten, oder bis sie goldene Farbe annehmen, backen.

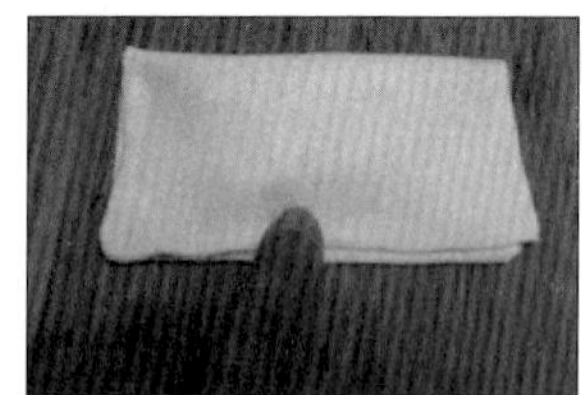

✿✿✿✿✿✿✿✿✿✿

Gebratene Quinoa

Zutaten:

1 Tasse Quinoa, waschen und abtropfen lassen
1/4 Tasse Mehl
2 Eier, aufschlagen, in eine Schale geben und rühren
2 Schalotten, schälen und fein hacken oder Lauchzwiebeln
1 Esslöffel gehackte Petersilie
1 Esslöffel gehackter Koriander
2 bis 3 Esslöffel geriebener Parmesankäse
1 Teelöffel süßes Paprikapulver
Salz
Pfeffer
Öl

So wird es gemacht:

☺ 2 Tassen Wasser in einen Topf geben und zum Kochen bringen, wenn das Wasser anfängt zu brodeln, Quinoa dazugeben und 10 bis 12 Minuten kochen lassen. Eventuell überschüssiges Wasser abgießen.

☺ Etwas Öl in einer kleinen Pfanne erhitzen ➡ Schalotten und Paprikapulver dazugeben und weich dünsten ➡ zum Quinoa geben und gut vermengen.

☺ Die restlichen Zutaten (außer Öl) zum Quinoa geben und gut vermengen.

☺ Reichlich Öl in einer tiefen Pfanne erhitzen ➡ Quinoamischung mit einem Esslöffel löffelweise in das heiße Öl geben und rundherum goldbraun braten ➡ aus der Pfanne nehmen, auf Küchenpapier geben, damit das überschüssige Öl entfernt wird und warm mit Soße servieren.

Kreolische Muscheln

Zutaten:

24 bis 30 Muscheln, Sorte nach Belieben, unter fliesendem Wasser gründlich waschen und eventuell mit einer kleinen Bürste die Oberflächen der Muscheln putzen. Nur geschlossene Muscheln zum Kochen verwenden
1 Zwiebel oder Schalotten, schälen und hacken
2 Zitronen, auspressen
1 Chilischote, Sorte und Schärfe nach Geschmack, Stielansatz abschneiden, der Länge nach halbieren, Samen entfernen und hacken
1 Tomate, in Würfel schneiden
1 Tasse gekochte Maiskörner
Je 1 Esslöffel gehackte Petersilie und Koriander
Salz
Pfeffer
1 bis 2 Esslöffel Olivenöl
Salatblätter, waschen

So wird es gemacht:

☺ Die Muscheln in einen Topf geben, mit Wasser bedecken und kochen, bis sie sich öffnen. Geschlossene Muscheln entfernen, sie dürfen nicht verzehrt werden ➟ Muschelfleisch von Schalen entfernen und beiseite stellen.
Zwiebeln, 1 bis 2 Esslöffel Olivenöl, Chili, Zitronensaft, Salz und Pfeffer in eine Schale geben, gut vermengen und ca. eine halbe Stunde stehen lassen.
Einen Servierteller mit Salatblättern bedecken ➟ Muschelfleisch, Maiskörner, Petersilie und Koriander zur Zwiebelmischung geben, gut vermengen, auf die Salatblätter geben und servieren.

Kartoffeln mit Käsesoße

Zutaten:

5 bis 6 mittelgroße, fest kochende Kartoffeln
150 g Fetakäse, zerkleinern
50 g Frischkäse
1 Knoblauchzehe, schälen und hacken
1 scharfe, gelbe Chilischote, Stielansatz abschneiden, der Länge nach halbieren, Samen entfernen und fein hacken
Zitronensaft, zum Abschmecken
4 bis 5 Esslöffel Olivenöl
Etwas Sahne
1/4 Teelöffel Kurkumapulver
Salz
Pfeffer
Salatblätter, waschen
Einige Oliven ohne Kerne, halbieren

So wird es gemacht:

☺ Kartoffeln waschen, in einen Topf geben, mit Wasser bedecken und gar kochen ➡ durch ein Sieb geben, abtropfen und abkühlen lassen, dann pellen und halbieren.
☺ Einen Servierteller mit Salatblättern bedecken ➡ Kartoffelhälften darauf verteilen und mit etwas Salz bestreuen.
☺ Chili, Knoblauch, Olivenöl, Kümmelpulver, etwas Salz und Pfeffer in eine Küchenmaschine geben und pürieren ➡ die beiden Käsesorten, etwas Zitronensaft und Sahne dazugeben und zu einer weichen Paste pürieren. Falls die Masse nach dem Pürieren krümelig ist, etwas Sahne dazugeben und weiter pürieren.
☺ Käsepüree über die Kartoffeln geben, mit halbierten Oliven garnieren und servieren.

Kartoffeln mit Käse und Nüssen

Zutaten:

8 bis 10 kleine, fest kochende Kartoffeln
100 g Fetakäse, zerkleinern
1/2 Tasse zerkleinerte Walnüsse oder eine andere Nussart
2 kleine, getrocknete, gelbe, scharfe Chilischoten, Stielansatz abschneiden, der Länge nach halbieren, Samen entfernen und hacken
1 Zwiebel, schälen und hacken
2 bis 3 Knoblauchzehen, schälen und hacken
Zitronensaft
1/2 Tasse Milch
Öl
Salz
Pfeffer
Salatblätter, waschen
Oliven ohne Kerne, halbieren

So wird es gemacht:

☺ Einen Servierteller mit Salatblättern bedecken.
☺ Kartoffeln in einen Topf geben, mit Wasser bedecken und gar kochen, durch ein Sieb geben und abtropfen und abkühlen lassen, dann pellen, halbieren und auf den Salatblättern verteilen. Halbierte Oliven darauf verteilen.
☺ Etwas öl in einer Pfanne erhitzen ➟ Zwiebeln, Knoblauch, etwas Salz und Pfeffer dazugeben und glasig dünsten ➟ etwas Wasser darüber geben und köcheln lassen, bis die Zwiebelmischung sehr weich ist ➟ Pfanne vom Herd nehmen und abkühlen lassen.
☺ Zwiebelmischung aus der Pfanne nehmen und in einer Küchenmaschine pürieren ➟ Chili und Nüsse dazugeben und pürieren ➟ Käse, 1 Esslöffel Zitronensaft und Milch dazugeben und weiter pürieren. Während des Pürierens, ca. 1/2 Tasse Öl dazugeben und weitere 2 bis 3 Minuten pürieren

und mit Salz und Pfeffer abschmecken. Die Soße soll dünn sein. Falls die Soße sehr dickflüssig ist, mit etwas Milch oder Öl verdünnen.
☺ Soße über die Kartoffeln geben und servieren.

OOOOOOOOOO

Lachs Cebiche

Das Gericht kann man auch mit anderen Fischsorten vorbereiten.
Cebiche sind marinierte Zutaten in Zitronensaft, Limettensaft und Orangensaft. Sie sind in Peru und Ecuador sehr beliebt.

Zutaten:

250 g Lachsfilets, in ca. 2 cm dünne Streifen schneiden, waschen und abtupfen
2 Zitronen, halbieren und auspressen
1 Limette, halbieren und auspressen
Saft 1 Orange
1 Knoblauchzehe, schälen und hacken
1 kleine Chilischote, Schärfe und Sorte nach Geschmack, Stielansatz abschneiden, Samen entfernen und hacken
1 Esslöffel gehackter Koriander
1 Zwiebel, schälen, halbieren und in dünne Streifen schneiden, dann in eine Schale geben, 1 bis 2 Esslöffel Zitronensaft darüber geben und ca. 1 Stunde stehen lassen
Salz
Pfeffer
Salatblätter, waschen

So wird es gemacht:

☺ Knoblauch, Chili, etwas Zitronensaft, Salz und Pfeffer in eine Küchenmaschine geben und zu einer Paste pürieren.
☺ Fischstreifen in eine Schale geben ➟ Knoblauchpaste dazugeben und gut vermengen ➟ mit Zitronen-, Orangen- und Limettensaft bedecken, Schale zudecken und 4 bis 5

Stunden in den Kühlschrank stellen.
☺ Ein paar Stunden vor dem Servieren, Fischstücke aus der Marinade nehmen und auf einem Teller verteilen ➟ eingelegte Zwiebeln, gehackten Koriander, etwas Salz und Pfeffer darüber geben, mit Alufolie bedecken und in den Kühlschrank stellen.
☺ Einen Servierteller mit Salatblättern bedecken, Fischstücke mit Zwiebeln und Koriander darauf verteilen und Servieren.

○○○○○○○○○○○

Soßen und gewürzte Beilagen

Wie man mit scharfen Chilis umgeht

Bevor Sie die Chilis anfassen, ziehen Sie bitte Gummihandschuhe an, damit wird verhindert, dass ätherische Öle Ihnen Hautjucken verursachen. Außerdem berühren Sie nicht Ihre Augen während des Arbeitens mit Chili.

Chili nur mit kaltem Wasser waschen. Heißes Wasser kann manchmal, bei getrocknetem Chili, zu Dämpfen führen, die Augen und Schleimhäute reizen.

Scharfe Chilipaste
Variante 1, mit frischem Chili

Zutaten:

10 rote oder grüne, scharfe Chilischoten, Stielansätze abschneiden, der Länge nach halbieren, Samen entfernen und hacken
1 Teelöffel Salz
Etwas Wasser

So wird es gemacht:

☺ 2 Esslöffel Wasser, gehackten Chili und Salz in eine Küchenmaschine geben und zu einer dicken Paste pürieren ➞ in eine kleine Schale geben und kalt stellen.

OOOOOOOOOO

Variante 2, mit getrocknetem Chili

Zutaten:

10 rote oder grüne, getrocknete Chilischoten, Stielansätze abschneiden, der Länge nach halbieren, Samen entfernen und hacken

So wird es gemacht:

☺ Gehackten Chili in eine Schale geben und mit kochendem Wasser für ca. 1/2 Stunde einweichen ➟ mit einem Schaumlöffel aus dem Wasser nehmen und in eine Küchenmaschine geben ➟ etwas Wasser vom eingeweichten Chili dazugeben und zu einer Paste pürieren.

Kreolische scharfe Soße

Zutaten:

3 kleine, scharfe Chilischoten, Stielansätze abschneiden, der Länge nach halbieren, Samen entfernen und fein hacken. Wer die Soße sehr scharf haben möchte, kann die Chilisamen bei der weiteren Bearbeitung verwenden
4 bis 5 Esslöffel Wasser
1 Esslöffel gehackte Petersilie
1 Esslöffel gehackter Koriander
2 bis 3 Schalotten, schälen und fein hacken
Salz

So wird es gemacht:

☺ Gehackten Chili und Wasser (wer die Soße sehr scharf haben möchte, soll auch die Samen dazugeben) in eine Küchenmaschine geben und pürieren ➟ Chilipaste in eine Schale geben, die restlichen Zutaten dazugeben, gut vermengen und bis zum Servieren im Kühlschank aufbewahren.

Kreolische Zwiebelbeilage

Zutaten:

2 bis 3 rote Zwiebeln, schälen, halbieren und in feine Streifen schneiden
1 Esslöffel gehackter Koriander oder Petersilie
2 Esslöffel Zitronensaft
Etwas Essig
Salz

So wird es gemacht:

☺ Alle Zutaten in eine Schale geben und gut vermengen ➟ mit Salz abschmecken und zu verschiedenen Gerichten servieren.

oooooooooo

Variante 2

Zutaten:

1 bis 2 rote Zwiebeln, schälen, halbieren und in feine Streifen schneiden
1 große Tomate, in kleine Würfel schneiden
Zitronensaft
Salz
Pfeffer

So wird es gemacht:

☺ Alle Zutaten in eine Schale geben, gut vermengen und sofort zu verschiedenen Gerichten servieren.

Scharfe Zwiebel-Chili-Beilage

Zutaten:

1 Zwiebel, schälen, halbieren und in feine Streifen schneiden
1 lange Chilischote, Schärfe nach Geschmack, Stielansatz abschneiden, der Länge nach halbieren, Samen entfernen und fein hacken
1 Knoblauchzehe, schälen, mit etwas Salz in einen Mörser geben und zerdrücken
1 Esslöffel gehackte Korianderblätter
Zitronensaft
Salz
Pfeffer

So wird es gemacht:

☺ Alle Zutaten in eine Schale geben, gut vermengen, abschmecken und vor dem Verbrauch 1 Tag im Kühlschrank aufbewahren.

OOOOOOOOOOO

Gekochte rote Chilisoße

Zutaten:

3 bis 4 getrocknete, rote, scharfe Chilis, Sorte nach Geschmack, Stielansätze abschneiden, der Länge nach halbieren, Samen entfernen und hacken. Falls man die Soße sehr scharf haben möchte, kann man die Samen verwenden
1 Tomate, hacken und harte Stellen entfernen
4 bis 5 Lauchzwiebeln, fein hacken
2 bis 3 Knoblauchzehen, schälen und mit etwas Salz in einen Mörser geben und zerdrücken
1/2 Teelöffel Getrockneter Oregano
Etwas Öl

So wird es gemacht:

☺ Gehackte Chilis in einen Topf geben, mit Wasser bedecken und kochen lassen, bis sie weich sind ➟ Topf vom Herd nehmen und beiseite stellen.

☺ Etwas Öl in einer Pfanne erhitzen ➟ Tomaten, Oregano und Knoblauchpaste dazugeben, umrühren und weich dünsten ➟ Pfanne vom Herd nehmen und abkühlen lassen. Die gekochten Chilis durch ein Sieb geben und abtropfen lassen.

☺ Chilis und gedünstete Tomaten in eine Küchenmaschine geben und pürieren ➟ Chilisoße in eine Servierschale geben, gehackte Lauchzwiebeln dazugeben, umrühren und zu Fischgerichten servieren.

○○○○○○○○○○○

Gekochte grüne Chilisoße

Zutaten:

2 bis 3 frische, lange, grüne Chilischoten, Stielansätze abschneiden, der Länge nach halbieren, Samen entfernen und hacken. Falls man die Soße sehr scharf haben möchte, sollte man die Samen verwenden
3 bis 4 reife Tomaten, hacken und harte Stellen entfernen
1 Zwiebel, schälen und hacken
2 Knoblauchzehen, schälen, mit etwas Salz in einen Mörser geben und zerdrücken
1 Esslöffel gehackte Petersilie
1 Esslöffel gehackter Koriander
1/2 Teelöffel Oregano
1/2 Teelöffel mildes Paprikapulver
Salz
Pfeffer
1 bis 2 Esslöffel Öl

So wird es gemacht:

☺ Alle Zutaten in eine Küchenmaschine geben und pürieren.
☺ Chilisoße in einem kleinen Topf für 3 bis 4 Minuten bei schwacher Hitze dünsten ➡ warm oder kalt zu verschiedenen Gerichten servieren.

OOOOOOOOOO

Gekochte Zwiebelbeilage

Zutaten:

250 g Zwiebeln, schälen, halbieren und in dünne Streifen schneiden
1 große Tomate, hacken
2 lange, milde Peperoni, Stielansätze abschneiden, der Länger nach halbieren, Samen entfernen und hacken
Salz
Pfeffer
Öl

So wird es gemacht:

☺ Etwas Öl in einer Pfanne erhitzen ➡ Zwiebeln dazugeben und glasig dünsten ➡ Tomaten, Peperoni, Pfeffer und etwas Salz dazugeben, gut vermengen und ca. 2 Minuten dünsten ➡ zu Fischgerichten servieren.

Suppen

Quinoasuppe

Zutaten:

1½ bis 2 Tassen Quinoa, waschen, in eine Schale geben, reichlich Wasser darüber geben und ca. 1 Stunde stehen lassen, dann durch ein Sieb geben und abtropfen lassen
500 g Fleisch, Lamm oder Rind, in Würfel schneiden, waschen und abtropfen lassen
1 Knochen, waschen
3 Kartoffeln, schälen und in Würfel schneiden
2 bis 3 Karotten, schälen und in Scheiben schneiden
1/2 Tasse frische Erbsen
1/2 Tasse zerkleinerte, frische, grüne Bohnen
1 Esslöffel gehackter Koriander
1 große Zwiebel, schälen und hacken
2 Knoblauchzehen, schälen, mit etwas Salz in einen Mörser geben und zerdrücken
1 Teelöffel Chilipulver, Schärfe nach Geschmack
Salz
Pfeffer
Öl

So wird es gemacht:

☺ Quinoa in reichlich Wasser ca. 15 bis 20 Minuten gar kochen, durch ein Sieb geben und abtropfen lassen.
Etwas Öl in einem großen Topf erhitzen ➡ Zwiebeln dazugeben und glasig dünsten ➡ Knoblauchpaste, Chilipulver und Pfeffer dazugeben, gut vermengen und kurz dünsten ➡ Fleischwürfel und Knochen dazugeben und kurz anbraten ➡ 8 Tassen Wasser darüber gießen, umrühren und

kochen lassen, bis die Fleischstücke gar sind ➟ Kartoffeln, Karotten, Erbsen und Bohnen dazugeben und ca. 10 Minuten garen ➟ Quinoa in die Suppe geben und weitere 5 Minuten kochen lassen ➟ mit Salz, Pfeffer und Chilipulver abschmecken, Knochen entfernen, Suppe in eine Servierschale geben, mit gehacktem Koriander garnieren und heiß servieren.

Ein andere Art die Suppe zu kochen

Die Knochen werden nicht verwendet. Ansonsten die gleichen Zutaten verwenden.

Quinoa nur einweichen, durch ein Sieb geben und abtropfen lassen.

Etwas Öl in einem Topf erhitzen ➟ Zwiebeln dazugeben und glasig dünsten ➟ Knoblauchpaste untermengen und kurz dünsten ➟ Fleischwürfel dazugeben, gut vermengen und braten, bis die Flüssigkeit verdampft ist ➟ Chilipulver, etwas Salz und Pfeffer dazugeben und rühren ➟ Wasser darüber geben und kochen lassen, bis die Fleischstücke gar sind ➟ Quinoa dazugeben und ca. 15 Minuten garen ➟ das vorbereitete Gemüse dazugeben und ca. 10 Minute kochen lassen, bis sie gar sind ➟ abschmecken ➟ Suppe in eine Servierschale geben, mit gehacktem Koriander garnieren und heiß servieren.

****

Quinoasuppe mit Kartoffeln

Zutaten:

1½ Tassen Quinoa, waschen, in eine Schale geben, reichlich Wasser darüber geben und ca. 1 Stunde stehen lassen, dann durch ein Sieb geben und abtropfen lassen

250 bis 300 g Kartoffeln, schälen und in ca. 2 cm große Würfel schneiden, waschen und abtropfen

lassen
1/2 Tasse frische Erbsen
1 Tasse frische Maiskörner. Falls tiefgefrorene Maiskörner verwendet werden, vorher abtauen lassen
1 Zwiebel, schälen und hacken
2 bis 3 Knoblauchzehen, schälen, mit etwas Salz in einen Mörser geben und zerdrücken
2 Eier, aufschlagen, in eine Schale geben und gut verrühren
1 Tasse Milch
4 bis 5 Tassen Brühe oder Wasser
50 g Käse, zum Beispiel Gouda, reiben
1 Teelöffel süßes Paprikapulver
Salz
Pfeffer
Öl oder Butter

So wird es gemacht:

☺ 3 Tassen Wasser in einen Topf geben und zum Kochen bringen, wenn das Wasser anfängt zu brodeln, Quinoa dazugeben und 10 bis 12 Minuten kochen lassen.
☺ Etwas öl oder Butter in einem Topf erhitzen ➟ Zwiebeln dazugeben und glasig dünsten ➟ Knoblauchpaste, Pfeffer und Paprikapulver dazugeben und gut vermengen ➟ Kartoffeln dazugeben und gut vermengen ➟ Brühe oder Wasser darüber gießen und kochen lassen, bis die Kartoffeln halb gar sind ➟ Maiskörner, Erbsen und Milch dazugeben und kochen lassen, bis sie gar sind ➟ Käse und Eier in die Suppe geben, umrühren und köcheln lassen, bis der Käse geschmolzen ist, in eine Servierschale geben und heiß servieren.
Man kann die Suppe mit gehacktem Koriander garnieren.

****

Kreolische Suppe

Zutaten:

250 g Rindfleisch, in ca. 1 cm dünne Streifen schneiden, waschen und abtropfen lassen
50 g dünne Spaghetti, zerkleinern
1 Tomate, hacken und die harten Stielansätze entfernen
1 Knoblauchzehe, schälen und fein hacken
1 kleine Zwiebel, hacken
4 Eier
1/4 Tasse Milch
4 bis 5 Tassen Wasser
Salz
Pfeffer
Öl oder Butter

So wird es gemacht:

☺ Etwas Öl oder Butter in einen Topf geben und erhitzen ➟ Zwiebeln, Knoblauch, Pfeffer und etwas Salz dazugeben und ca. 1 Minute dünsten ➟ Fleischstücke dazugeben, umrühren und braten, bis die Flüssigkeit verdampft ist ➟ 4 bis 5 Tassen Wasser darüber geben und kochen lassen, bis die Fleischstücke weich sind ➟ Spaghetti in die Suppe geben und bissfest kochen ➟ Suppe abschmecken.

☺ Die Eier einzeln aufschlagen und in eine Suppenkelle geben, dann langsam in die heiße Suppe geben und ca. 3 bis

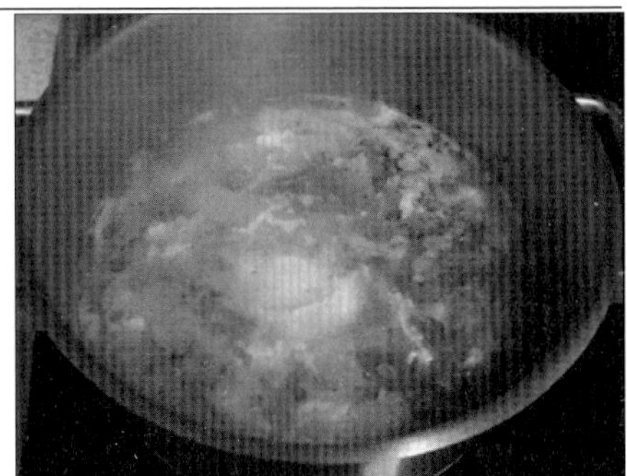

4 Minuten köcheln lassen ➡ Milch in die Suppe geben und rühren.

☺ Die Eier einzeln aus der Suppe nehmen und in eine Servierschalen geben, Suppe darauf geben und heiß servieren.

Die Suppe kann man mit gehackter Petersilie oder Koriander garnieren.

****

Hähnchensuppe

Zutaten:

1 kleines Suppenhuhn, in Teile schneiden, waschen und abtropfen lassen
2 bis 3 Knoblauchzehen, mit etwas Salz zerdrücken
1 Esslöffel gehackter Koriander
1 Tasse Suppennudeln
100 g Cassava (Yuca), schälen und in kleine Würfel schneiden
Chilipulver, Menge nach Geschmack
Salz
Pfeffer
Öl oder Butter

So wird es gemacht:

☺ Suppenhuhn in einen Topf geben, reichlich Wasser darüber geben und gar kochen, aus dem Topf nehmen und abkühlen lassen ➟ Fleisch vom Knochen lösen, zerkleinern, in die Brühe geben und köcheln lassen
Etwas Öl oder Butter in einer Pfanne erhitzen ➟ Cassavawürfel, Koriander, Chilipulver und Knoblauchpaste dazugeben und 1 Minute dünsten, dann zu der Suppe geben und kochen lassen, bis die Cassava fast gar sind ➟ Suppennudeln dazugeben und kochen lassen, bis sie gar sind ➟ abschmecken und heiß servieren.

****

Kartoffelsuppe mit Hähnchen

Zutaten:

1 Suppenhuhn, waschen und abtropfen lassen
500 g verschiedene Kartoffelsorten, waschen, schälen und in große Würfel schneiden
1 Stange Lauch, halbieren, in Streifen schneiden, gründlich waschen und abtropfen lassen
1 bis 2 Karotten, schälen und in Scheiben schneiden
1 Tasse frische Erbsen
1 Tasse frische Maiskörner. Falls man tiefgefrorene Maiskörner verwendet, vorher abtauen lassen
1 Zwiebel, schälen und hacken
1 bis 2 Knoblauchzehen, schälen, mit etwas Salz in einen Mörser geben und zerdrücken
Je 1/2 Teelöffel:
- Getrockneter Thymian
- Kreuzkümmelpulver
- Süßes Paprikapulver

1 Bund Koriander, waschen
Salz
Pfeffer

So wird es gemacht:

☺ Hähnchen in einen großen Topf geben ➟ 2 Liter Wasser, Zwiebeln, Knoblauchpaste, Lauch, Karotten, Koriander, Thymian, Kreuzkümmel, Paprikapulver, Salz und Pfeffer darüber geben und kochen lassen, bis das Huhn gar ist ➟ ein Sieb über einen Topf stellen ➟ gekochtes Huhn aus der Brühe nehmen und abkühlen lassen ➟ Brühe durch das Sieb geben und köcheln lassen.
☺ Hühnchenfleisch vom Knochen lösen, zerkleinern und beiseite stellen.
☺ Die 500 g zerkleinerten Kartoffeln in die Brühe geben und kochen lassen, bis sie sehr gar sind ➟ Topf vom Herd nehmen und mit einem Pürierstab die Kartoffeln in der Brühe pürieren, bis eine kremige Masse entstanden ist ➟ Suppe wieder auf die Herdplatte stellen und bei mittlerer Hitze kochen lassen ➟ Erbsen, Maiskörner und Hähnchenfleisch dazugeben und kochen lassen, bis die Erbsen und Maiskörner gar sind. Falls die Suppe sehr dickflüssig wird, etwas Brühe oder Wasser dazugeben ➟ Suppe abschmecken und heiß servieren.

****

Hähnchensuppe mit Reis

Zutaten:

1 Tasse Langkornreis, waschen und abtropfen lassen
100 g Hähnchenfleisch, in Würfel schneiden, waschen und abtropfen lassen
100 bis 150 g Hühnerleber, in Würfel schneiden, wasche und abtropfen lassen
3 bis 4 große Kartoffeln, schälen und in kleine Würfel schneiden
1 Mohrrübe, schälen und in dünne Scheiben schneiden
Frische Erbsen, Menge nach Belieben
1 Zwiebel, schälen und fein hacken

2 Knoblauchzehen, schälen und fein hacken oder mit etwas Salz in einen Mörser geben und zerdrücken
1 Bund frischer Koriander, Blätter waschen, mit ein paar Esslöffeln Wasser in eine Küchenmaschine geben und pürieren
2 lange, milde Paprikaschoten, Stielansätze abschneiden, der Länge nach halbieren, Samen entfernen und fein hacken
Salz
Pfeffer
Öl

So wird es gemacht:

☺ Etwas Öl in einer Pfanne erhitzen ➟ Korianderpaste und Reis dazugeben und ein paar Minuten dünsten ➟ Pfanne vom Herd nehmen und beiseite stellen.
Etwas Öl in einen Topf geben und erhitzen ➟ Zwiebeln dazugeben und glasig dünsten ➟ Knoblauchpaste und Hähnchenfleisch und Leber dazugeben und kurz braten ➟ die restlichen Zutaten (ohne Reis) untermengen ➟ ca. 4 bis 5 Tassen Wasser darüber gießen ➟ Reis-Koriandermischung dazugeben, umrühren und bei mittlerer Hitze kochen lassen, bis alle Zutaten gar sind ➟ Suppe mit Salz abschmecken und heiß servieren.

****

Einfache Fischsuppe

Zutaten:

4 kleine Fischfilets, waschen
1 Esslöffel gehackter Koriander
1 Esslöffel gehackte Petersilie
2 bis 3 Schalotten, schälen und hacken
1 Knoblauchzehe, mit etwas Salz in einen Mörser geben und zerdrücken
Salz

So wird es gemacht:

☺ Alle Zutaten und 3 Tassen Wasser in einen Topf geben und ca. 10 Minuten bei mittlerer Hitze kochen ➟ Fischfilets in vier Suppenteller geben, Brühe darüber geben und heiß servieren.

✻✻✻✻✻✻✻✻✻✻✻

Krabbensuppe

Zutaten:

100 bis 150 g Krabbenfleisch
1 kleiner Fisch, für die Brühe
4 (oder mehr) Babymaiskolben. Kann aus der Dose verwendet werden oder 1 Maiskolben, in vier Teile schneiden
1 Tomate, halbieren, Stielansatz abschneiden und fein hacken
3 bis 4 Esslöffel gekochte Erbsen
4 bis 5 Esslöffel gekochter Reis
1 Zwiebel, fein hacken
2 bis 3 Knoblauchzehen, schälen, in einen Mörser geben und zerdrücken
1/2 Tasse Milch
1 Teelöffel süßes Paprikapulver
1 Teelöffel Oregano
Salz
Pfeffer
Öl

So wird es gemacht:

☺ Fisch, 4 Tassen Wasser und etwas Salz in einen Topf geben und ca. 10 Minuten kochen lassen ➟ ein Sieb über einen Topf stellen und die Brühe durchgeben, dann den Topf mit der Brühe auf die Herdplatte stellen ➟ Babymais oder den zerkleinerten Maiskolben in die Brühe geben und köcheln lassen.

☺ Etwas Öl in einem Topf erhitzen ➟ Zwiebeln dazugeben und glasig dünsten ➟ Knoblauchpaste, Tomaten, Krabbenfleisch und Paprikapulver dazugeben und 2 bis 3 Minuten dünsten.
☺ Brühe bei mittlerer Hitze kochen lassen ➟ Milch dazugeben und rühren ➟ Reis, Erbsen, gedünstete Krabben, Oregano, etwas Salz und Pfeffer dazugeben, umrühren, abschmecken und ca. 5 Minuten kochen lassen ➟ Suppe in eine Servierschale geben und heiß servieren.

> ☞ Traditionell wird die Suppe, wie auf Seite 50 beschrieben, mit Eiern serviert. Wer Eier in der Suppe haben möchte, kann die Eier nach Anzahl der Gäste für ca. 3 bis 4 Minuten in der Suppe mitkochen lassen, bis das Eiweiß fest ist.

✻✻✻✻✻✻✻✻✻✻✻

Maissuppe

Zutaten:

Maiskörner von 4 frischen Maiskolben
100 g Fetakäse, mit einer Gabel zerkleinern
2 große Zwiebeln, schälen und fein hacken
3 bis 4 Knoblauchzehen, schälen, mit etwas Salz in einen Mörser geben und zerdrücken
1 kleine Chilischote, Sorte und Schärfe nach Geschmack, Stielansatz abschneiden, der Länge nach halbieren, Samen entfernen und fein hacken oder zerdrücken
4 Eier
Salz
Pfeffer
Öl

So wird es gemacht:

☺ Etwas Öl in einem Topf erhitzen ➟ Zwiebeln dazugeben und glasig dünsten ➟ Knoblauchpaste, etwas Pfeffer und Chili dazugeben und dünsten, bis die Zwiebeln Farbe annehmen ➟ 1 Tasse Wasser darüber gießen, umrühren und zum Kochen Bringen ➟ Maiskörner und Fetakäse dazugeben, gut verrühren und weitere 4 Tassen Wasser darüber gießen, kochen lassen, bis der Mais gar ist ➟ die Eier einzeln aufschlagen und langsam in die Suppe geben (siehe Seite 50) und 3 bis 4 Minuten köcheln lassen, bis das Eiweiß fest ist ➟ Suppe abschmecken ➟ die Eier einzeln aus der Suppe nehmen und in Suppentassen geben ➟ Suppe darüber geben und heiß servieren.

****

Quinoa, Reis, Hülsenfrüchte, Nudeln und Gemüsegerichte

Quinoa kochen

Zutaten:

1 Tasse Quinoa (Quinua), unter fliesendem Wasser waschen
Ca. 2 Tassen Wasser
1/2 Teelöffel Salz

So wird es gemacht:

☺ 2 Tassen Wasser in einen Topf geben und zum Kochen bringen.

☺ Wenn das Wasser anfängt zu brodeln Quinoa dazugeben und ca. 5 Minuten brodeln lassen ➟ Kochtemperatur auf mittlere Hitze stellen und weitere 5 bis 7 Minuten köcheln lassen, bis der Quinoa gar und trocken ist. Zwischendurch umrühren. Eventuell das überschüssige Wasser abgießen, danach kann man es zur Herstellung von Gerichten mit Quinoa verwenden.

Quinoa als Beilage für Hauptgerichte

Zutaten:

1 Tasse Quinoa, unter fliesendem Wasser waschen
1 kleine Zwiebel, schälen und fein hacken
1 bis 2 Knoblauchzehen, schälen und hacken
Ca. 2 Tassen Wasser oder Brühe
Salz
Öl

So wird es gemacht:

☺ Etwas Öl in einen Topf geben und erhitzen ➠ Zwiebeln dazugeben und glasig dünsten, Knoblauchpaste untermengen und kurz dünsten ➠ Quinoa dazugeben, gut vermengen und ca. 1 Minute erhitzen, dabei rühren ➠ Brühe oder Wasser darüber gießen, etwas Salz dazugeben, umrühren und ein paar Minuten brodeln lassen, dann bei mittlerer Hitze weitere 5 bis 7 Minuten garen.

✯✯✯✯✯✯✯✯✯✯✯

Quinoa-Risotto mit Gemüse

Zutaten:

1 Tasse Quinoa
1 lange, rote Paprikaschote, waschen, Stielansatz abschneiden, der Länge nach halbieren, Samen entfernen und in kleine Würfel schneiden
500 g frische Erbsen, auspellen oder 1 Tasse tiefgefrorene Erbsen, auftauen
250 g frische, grüne Bohnen, waschen und in kleine Streifen schneiden
1/2 Liter Gemüsebrühe
3 Esslöffel Butter
Salz

Pfeffer
Paprikapulver

So wird es gemacht:

☺ Butter in einem Topf zerlassen ➟ Quinoa dazugeben und kurz anbraten ➟ Gemüse und Brühe dazugeben ➟ Topf zudecken und bei mittlerer Hitze ca. 15 Minuten garen ➟ mit den Gewürzen abschmecken und servieren.

✯✯✯✯✯✯✯✯✯✯✯

Quinoa mit Krabben

Zutaten:

1½ Tassen Quinoa
150 bis 200 g Krabbenfleisch
1/2 Tasse Brühe
50 g Käse, Sorte nach Belieben, reiben
1 Zwiebel, schälen und fein hacken
2 Knoblauchzehen, schälen, mit etwas Salz in einen Mörser geben und zerdrücken
1 kleine scharfe Chilischote, Stielansatz abschneiden, der Länge nach halbieren, Samen entfernen und zerdrücken
1 Teelöffel getrockneter Oregano
1/2 Teelöffel Kreuzkümmelpulver
Salz
Pfeffer
Öl

So wird es gemacht:

☺ 3 Tassen Wasser in einen Topf geben und zum Kochen bringen, Quinoa dazugeben und ca. 5 Minuten brodeln lassen, dann Kochtemperatur auf mittlere Hitze stellen und weitere 5 bis 7 Minuten garen.

☺ Krabben in eine Schale geben ➟ Knoblauchpaste, Chilipaste, Oregano, Kreuzkümmel und Pfeffer darüber geben und gut vermengen ➟ Schale zudecken und ca. 15 Minuten

im Kühlschrank stehen lassen.
☺ Etwas Öl in einem Topf erhitzen ➡ Zwiebeln dazugeben und kurz dünsten ➡ Krabben mit Marinade dazugeben und dünsten, bis die Krabben Farbe annehmen ➡ Quinoa untermengen ➡ Brühe darüber gießen und zum Kochen bringen, wenn die Brühe anfängt zu brodeln, Topf vom Herd nehmen, das Gericht in eine Servierschale geben evtl. mit Oliven und gehacktem Koriander garnieren und heiß servieren.

✯✯✯✯✯✯✯✯✯✯

Quinoaauflauf

Zutaten:

100 g Quinoa
100 ml Milch
1 Becher Schmand
1 Bund Lauchzwiebeln, fein hacken
1 Stange Porree, in feine Scheiben schneiden, waschen und abtropfen lassen
1 bis 2 Esslöffel Sojasoße
100 bis 150 g Käse, Sorte nach Belieben
Butter oder Margarine
Salz
Pfeffer

So wird es gemacht:

☺ Backofen auf 180°C vorheizen.
☺ Reichlich Salzwasser zum Kochen bringen ➡ Quinoa dazugeben und 10 bis 12 Minuten brodeln lassen ➡ durch ein Sieb geben und abtropfen lassen.
☺ 1 bis 2 Esslöffel Butter oder Margarine in einem Topf zerlassen ➡ Quinoa dazugeben, kurz anbraten und den Topf vom Herd nehmen.
☺ Etwas Butter oder Margarine in einem Topf zerlassen ➡ Lauchzwiebeln und Porree dazugeben und weich dünsten ➡ salzen und pfeffern ➡ Sojasoße, Milch und Schmand

dazugeben und gut verrühren ➟ Quinoa untermengen und Topf vom Herd nehmen.

☺ Eine Auflaufform mit Butter fetten ➟ Quinoamischung dazugeben ➟ mit Käse bestreuen und im Backofen ca. 20 Minuten backen.

✯✯✯✯✯✯✯✯✯✯✯

Quinoa mit Karotten und Lauch

Zutaten:

1 Tasse Quinoa
Ca. 0,5 Liter Gemüsebrühe
2 Karotten, schälen und in feine Scheiben schneiden
2 Lauchstangen, in feine Scheiben schneiden, waschen und abtropfen lassen
1 kleine Zwiebel, schälen und fein hacken
1 Knoblauchzehe, schälen, mit etwas Salz in einen Mörser geben und zerdrücken
1 Esslöffel gehackte Petersilie
1 Esslöffel gehackter Koriander
2 bis 3 Esslöffel Butter oder Margarine
Etwas Öl
Salz
Pfeffer

So wird es gemacht:

☺ 2 Esslöffel Butter oder Margarine in einem Topf zerlassen ➟ Quinoa dazugeben und 2 bis 3 Minuten braten ➟ Gemüsebrühe und etwas Salz darüber geben, gut verrühren, Topf zudecken und kurz zum Kochen bringen, dann bei schwacher Hitze ca. 25 bis 30 Minuten köcheln lassen.

☺ Etwas Öl in einer Pfanne erhitzen ➟ Zwiebeln dazugeben und glasig dünsten ➟ Knoblauchpaste untermengen und kurz dünsten ➟ Karotten und Lauch untermengen und kurz dünsten ➟ Petersilie, Koriander, Salz und Pfeffer darüber geben, gut vermengen und zum Quinoa geben, umrühren und abschmecken ➟ ca. 10 Minuten garen, bis das Gemüse weich ist ➠ heiß servieren.

****

Reis kochen

Zutaten:

1 Tasse Langkornreis
1 Teelöffel Salz
2 Tassen Wasser

So wird es gemacht:

☺ Reis mit kaltem Wasser waschen und in einen Topf geben ➠ 2 Tassen kaltes Wasser darüber gießen ➠ 1 Teelöffel Salz dazugeben und umrühren ➠ Topf zudecken und kurz aufkochen lassen, dann bei sehr schwacher Hitze ca. 20 Minuten köcheln lassen, bis der Reis gar und trocken ist ➠ heiß als Beilage zu Hauptgerichten servieren.

****

Knoblauchreis

Zutaten:

1 Tasse Langkornreis, waschen und abtropfen lassen
1 Knoblauchzehe, schälen, mit etwas Salz in einen Mörser geben und zerdrücken
1 Teelöffel Salz
2 Tassen Wasser
Öl

So wird es gemacht:

☺ Reis, Wasser und Salz in einen Topf geben und kurz zum Kochen bringen, dann bei schwacher Hitze ca. 10 Minuten köcheln lassen.

Etwas Öl in einer Pfanne erhitzen ➠ Knoblauchpaste dazugeben und kurz dünsten, zum Reis geben, gut vermengen und köcheln lassen, bis der Reis gar und trocken ist, heiß zu Hauptgerichten servieren.

Reis mit Bohnen

Zutaten:

1 Tasse Langkornreis
3/4 Tassen getrocknete, weiße Bohnen, waschen, über Nacht in Wasser einweichen, durch ein Sieb geben und abtropfen lassen
1 große Knoblauchzehe, schälen und fein hacken
1 kleine Zwiebel, schälen und fein hacken
1 Esslöffel gehackter Koriander
Salz
Pfeffer
Öl

So wird es gemacht:

☺ Reis waschen, abtropfen lassen und gar kochen „siehe Seite 64“.
☺ Bohnen und reichlich Wasser in einen Topf geben und kochen lassen, bis die Bohnen gar sind, mit Salz abschmecken, durch ein Sieb geben und abtropfen lassen.
☺ Etwas Öl in einer Pfanne erhitzen, Zwiebeln dazugeben und glasig dünsten, Knoblauch und Koriander untermengen und ca. 1 Minute dünsten ➟ salzen und pfeffern ➟ Bohnen dazugeben und gut vermengen.
Bohnenmasse zum Reis geben, gut vermengen und heiß zu Fleischgerichten oder nur mit Soße servieren.

****

Reis mit Meeresfrüchten

Zutaten:

1½ Tassen Langkornreis, waschen und abtropfen lassen
250 bis 350 g verschiedene Meeresfrüchte:
  Krabbenfleisch
  Kalamaris

1 kleiner Tintenfisch
(Kalamaris und Tintenfisch beim Fischhändler säubern lassen)
Man kann auch andere Meeresfrüchte verwenden

10 Muscheln, Sorte nach Belieben, unter fliesendem Wasser gründlich waschen und eventuell mit einer kleinen Bürste die Oberflächen der Muscheln putzen. Nur geschlossene Muscheln zum Kochen verwenden.
1 Tomate, halbieren, Stielansatz abschneiden und fein hacken
1 Esslöffel Tomatenmark
2 bis 3 Knoblauchzehen, mit etwas Salz in einen Mörser geben und zerdrücken
3 bis 4 Schalotten, schälen und hacken
1 Esslöffel gehackte Petersilie
1/2 Teelöffel oder mehr Chilipulver
Salz
Pfeffer
Öl

So wird es gemacht:

☺ Krabbenfleisch 1 bis 2 Minuten in etwas Öl braten und beiseite stellen.
☺ Kalamaris zerkleinern, waschen und in kochendem Wasser ca. 2 bis 3 Minuten brodeln lassen, durch ein Sieb geben und abtropfen lassen.
☺ Die Muscheln in einen Topf geben, mit Wasser bedecken und kochen, bis sie sich öffnen. Geschlossene Muscheln entfernen, sie dürfen nicht verzehrt werden ➟ Muschelfleisch von Schalen entfernen und beiseite stellen.
☺ Tintenfisch zerkleinern und ca. 30 bis 40 Minuten kochen lassen, durch ein Sieb geben und abtropfen lassen.
☺ Etwas Öl in einem Topf erhitzen ➟ Schalotten, Knoblauchpaste, Tomaten und Tomatenmark dazugeben, gut vermengen und kurz dünsten ➟ Meeresfrüchte, Petersilie und Chilipulver, Pfeffer und ca. 1 Teelöffel Salz dazugeben, gut

vermengen und 1 bis 2 Minuten erhitzen ➟ 3 Tassen Wasser darüber geben und rühren ➟ Reis dazugeben, umrühren und abschmecken, Topf zudecken und kurz zum Kochen bringen, dann bei sehr schwacher Hitze ca. 20 bis 25 Minuten köcheln lassen, bis der Reis gar und trocken ist ➟ heiß mit Salat oder Soße servieren.

****

Reis mit verschiedenen Fleischsorten

Zutaten:

1½ Tassen Langkornreis, waschen und abtropfen lassen
500 g verschiedene Fleischsorten. Zum Beispiel: Hähnchenbrust, Rindfleisch und auch andere Sorten, in kleine Würfel schneiden, waschen und abtropfen lassen
Man kann auch Krabben dazu verwenden
2 Eier, aufschlagen, in eine Schale geben und rühren
2 bis 3 Schalotten, schälen und hacken
1 kleine Zwiebel, schälen und hacken
2 bis 3 Esslöffel Sojasoße
Chilipulver, Menge nach Geschmack
Salz
Pfeffer
Öl

So wird es gemacht:

☺ Reis, 3 Tassen kaltes Wasser und 1 Teelöffel Salz in einen Topf geben ➟ Topf zudecken und kurz aufkochen lassen, dann bei sehr schwacher Hitze ca. 20 Minuten köcheln lassen, bis der Reis gar und trocken ist ➟ Topf vom Herd nehmen und beiseite stellen.

Etwas Öl in einem großen Topf erhitzen ➟ Zwiebeln und Schalotten dazugeben und glasig dünsten ➟ Fleischwürfel dazugeben, umrühren und braten, bis die Flüssigkeit verdampft und die Fleischstücke gar sind ➡ mit Salz, Pfeffer und Chilipulver abschmecken, aus der Pfanne nehmen und beiseite stellen. In die gleiche Pfanne Eier geben, braten und etwas Salz darüber streuen ➡ Sojasoße und Fleischstücke dazugeben und gut vermengen ➡ gekochten Reis untermengen und heiß mit Gemüse, Salat oder Soße servieren.

****

Korianderreis mit Hühnerfleisch

Zutaten:

1 Tasse Langkornreis, waschen und abtropfen lassen
500 g Hühnerfleisch ohne Knochen, in große Stücke schneiden, waschen und abtropfen lassen
1/2 Tasse frische Erbsen
1 Bund Koriander, Blätter waschen und hacken
1 Zwiebel, schälen und fein hacken
2 bis 3 Knoblauchzehen, schälen und hacken
1 kleine Chilischote, Sorte und Schärfe nach Geschmack, der Länge nach halbieren, Samen entfernen und hacken
1 große Tomate, halbieren, Stielansatz abschneiden und hacken
2 grüne, lange, milde Peperoni, Stielansätze abschneiden, der Länge nach halbieren, Samen entfernen und hacken
Je 1/2 Teelöffel:
- Kreuzkümmelpulver
- Getrockneter Oregano

Salz
Pfeffer
Öl

So wird es gemacht:

☺ Knoblauch, Koriander, Chili, etwas Salz und etwas Wasser in eine Küchenmaschine geben und pürieren.
Etwas Öl in einem Topf erhitzen ➟ Zwiebeln dazugeben und glasig dünsten ➟ Gewürzpaste und Tomaten dazugeben und gut vermengen ➟ Fleischstücke dazugeben und dünsten, bis die Flüssigkeit verdampft und das Fleisch gar ist ➟ Fleischstücke aus dem Topf nehmen und beiseite stellen ➟ Reis in den Topf geben und mit der im Topf befindlichen Gewürzmischung gut vermengen ➟ 2 Tassen Wasser und etwas Salz darüber geben und kurz zum Kochen bringen, dann bei schwacher Hitze köcheln lassen ➟ Erbsen, Peperoni und die Fleischstücke darauf geben ➟ Topf zudecken und ca. 20 Minuten köcheln lassen, bis der Reis gar ist ➟ Topfinhalt gut vermengen und heiß mit Salat und Soße servieren.

****

Gebackener Reis mit Huhn

Zutaten:

1 Tasse Langkornreis, waschen und abtropfen lassen
1 kg Hühnerfleisch, Knochen und Haut entfernen und das Fleisch in große Stücke schneiden, waschen und abtropfen lassen
1 Tasse frische Erbsen
250 bis 300 g Tomaten, Haut anritzen, mit kochendem Wasser überbrühen, Haut abziehen und hacken (siehe Seite 22)
1 große Zwiebel, schälen und hacken
2 Knoblauchzehen, schälen, mit etwas Salz in einen Mörser geben und zerdrücken
3 grüne, lange, milde Peperoni, Stielansätze abschneiden, der Länge nach halbieren, Samen entfernen und in dünne Scheiben schneiden
Einige Oliven ohne Kerne

1 Teelöffel süßes Paprikapulver
Salz
Pfeffer
Öl

So wird es gemacht:

☺ Etwas Öl in einer tiefen Pfanne erhitzen ➟ Fleischstücke dazugeben und von beiden Seiten braten, bis sie eine weiße Farbe annehmen (nicht braun werden lassen) ➟ aus der Pfanne nehmen und beiseite stellen.

☺ Zwiebeln in die gleiche Pfanne geben und glasig dünsten ➟ Knoblauchpaste, Paprika und Tomaten dazugeben und 3 bis 4 Minuten dünsten, mit Salz, Pfeffer und Paprikapulver abschmecken ➟ Reis und ca. 1 Teelöffel Salz dazugeben und gut vermengen ➟ 2 Tassen Wasser darüber geben, umrühren und kurz zum Kochen bringen ➟ Pfanne vom Herd nehmen.

☺ Backofen auf 180°C vorheizen.

☺ Hähnchenfleisch zum Reis geben, umrühren und in eine feuerfeste Form geben ➟ Form zudecken (mit Deckel oder Alufolie) und im vorgeheizten Backofen für ca. 20 bis 25 Minuten garen, bis der Reis gar und trocken ist ➟ heiß mit Salat servieren.

****

Ente mit Reis

Zutaten:

1 Ente, zerlegen, Haut und eventuell Fett entfernen, waschen und abtropfen lassen
Saft einer Zitrone
Salz
Pfeffer
1 Tasse Langkornreis, waschen und abtropfen lassen
2 große Zwiebeln, schälen und hacken
5 bis 6 Knoblauchzehen, schälen, mit etwas Salz in einen Mörser geben und zerdrücken

1 kleine Chilischote, Schärfe und Sorte nach Geschmack, Stielansatz abschneiden, der Länge nach halbieren, Samen entfernen und fein hacken
2 Bünde Koriander, Blätter waschen, mit etwas Salz in eine Küchenmaschine geben und pürieren
1 Teelöffel getrockneter Oregano
1/2 Teelöffel Kreuzkümmelpulver
1 Tasse frische Erbsen
Gehackte Tomaten, zum Garnieren

So wird es gemacht:

☺ Ententeile in eine Schale geben ➟ Zitronensaft, Salz und Pfeffer darüber geben, gut vermengen, Schale zudecken und für 3 bis 4 Stunden im Kühlschrank stehen lassen.
☺ Etwas Öl in eine große, tiefe Pfanne oder einen Topf geben und erhitzen ➟ Zwiebeln dazugeben und glasig dünsten ➟ Knoblauchpaste, Chili, Kümmel, Oregano, Pfeffer und etwas Salz dazugeben, gut vermengen und kurz dünsten ➟ Ententeile dazugeben und braten, bis sie weiße Farbe annehmen ➟ 3 Tassen Brühe oder Wasser und eventuell 1 kleine Flasche dunkles Bier darüber geben, umrühren und kochen lassen, bis das Fleisch gar ist. Falls die Flüssigkeit während des Kochens verdampft ist, Wasser oder Brühe darüber geben.
☺ Reis, ca. 1 Teelöffel Salz und Korianderpaste zur Ente geben und gut vermengen. Im Topf sollen noch ca. 2 Tassen Brühe übrig bleiben, damit der Reis gar wird. Topf oder Pfanne zudecken und kurz zum Kochen bringen, dann bei schwacher Hitze ca. 15 Minuten köcheln lassen ➟ Erbsen dazugeben, gut vermengen und köcheln lassen, bis der Reis gar ist ➟ heiß mit Salat servieren.

****

Scharfe Bohnen mit Walnüssen

Zutaten:

500 g getrocknete, schwarze Bohnen, waschen und über Nacht in kaltem Wasser einweichen
100 g Fleischstück mit Fett, in ca. 1 cm dünne Würfel schneiden, waschen und abtropfen lassen
1/2 Tasse fein gehackte Walnüsse
3 getrocknete, gelbe Chilischoten, für ca. 30 Minuten in heißes Wasser legen, aus dem Wasser nehmen, Stielansätze abschneiden, der Länge nach halbieren, Samen entfernen und pürieren
2 bis 3 Knoblauchzehen, schälen, mit etwas Salz in einen Mörser geben und zerdrücken
1 große Zwiebel, schälen und hacken
Salz
Pfeffer
Öl

So wird es gemacht:

☺ Bohnen in einen Topf geben, mit Wasser bedecken und kochen lassen, bis sie gar sind.
☺ 2 bis 3 volle Schaumlöffel Bohnen aus dem Topf nehmen, in einen Mörser geben und zerdrücken, dann wieder zu den Bohnen geben und gut vermengen.
☺ Etwas Öl in einer Pfanne erhitzen ➟ Fleischwürfel dazugeben und knusprig braten, aus der Pfanne nehmen, abtropfen lassen, zu den Bohnen geben und gut vermengen.
☺ Die Zwiebeln in die Pfanne, in der die Fleischstücke gebraten wurden, geben und glasig dünsten ➟ Knoblauchpaste und Chilipaste dazugeben, gut vermengen, 1 bis 2 Minuten dünsten, zu den Bohnen geben, umrühren und weiter köcheln lassen.
☺ Fein gehackte Walnüsse dazugeben, umrühren und köcheln lassen, bis die Bohnen sehr weich sind und noch Soße im Topf geblieben ist. Falls die Flüssigkeit fast

verdampft ist, etwas Wasser darüber geben ➟ salzen und pfeffern und heiß, eventuell mit Reis und Salat servieren.

✧✧✧✧✧✧✧✧✧✧

Gewürzte Kichererbsen

Zutaten:

1 große Dose Kichererbsen, Dose aufschneiden, durch ein Sieb geben, mit Wasser abbrausen und abtropfen lassen
1/2 Tasse Wasser oder Brühe
3 bis 4 Esslöffel Sahne
Salz
Pfeffer
Öl
Folgende Zutaten mit etwas Salz in einen Mörser geben und zerdrücken:
  2 bis 3 Knoblauchzehen, schälen und hacken
  1 kleine Chilischote, Sorte und Schärfe nach Geschmack, Stielansatz abschneiden, der Länge nach halbieren, Samen entfernen und hacken

So wird es gemacht:

☺ Etwas Öl in einen Topf geben und erhitzen ➟ Knoblauch-Chilipaste dazugeben und ein paar Sekunden dünsten ➟ Kichererbsen dazugeben und gut vermengen ➟ Sahne und Wasser oder Brühe dazugeben, umrühren und 5 bis 6 Minuten kochen lassen, dann mit einem Pürierstab fein pürieren und mit Salz und Pfeffer abschmecken. Falls das Püree sehr dick ist mit etwas Wasser verdünnen ➟ Topf auf die Herdplatte stellen und das Püree für ein paar Minuten erhitzen und servieren.

Bohnen mit Fleisch

Zutaten:

2 Tassen getrocknete, gelbe, schwarze oder weiße Bohnen, über Nacht in reichlich Wasser einweichen, durch ein Sieb geben, mit Wasser abbrausen und abtropfen lassen
250 g Rindfleisch, in ca. 2 cm Würfel schneiden, waschen und abtropfen lassen
150 bis 200 g getrocknetes Fleisch, in Würfel schneiden.
Man kann auch eine andere Fleischsorte verwenden
3 große Kartoffeln, schälen und in Würfel schneiden
1/2 Tasse gewürfeltes Kürbisfruchtfleisch
1 Zwiebel, schälen und hacken
2 Knoblauchzehen, schälen und hacken oder mit etwas Salz in einen Mörser geben und zerdrücken
Chilipulver, Menge nach Geschmack
Salz
Pfeffer
Öl

So wird es gemacht:

☺ Bohnen in einen Topf geben, mit Wasser bedecken und kochen lassen, bis sie fast gar sind.

☺ Etwas Öl in einer Pfanne erhitzen ➟ Zwiebeln dazugeben und glasig dünsten ➟ Knoblauch untermengen ➟ Fleischstücke dazugeben und braten, bis die Flüssigkeit verdampft ist und die Fleischstücke gar sind ➟ Salz, Pfeffer und Chilipulver darüber streuen, Kartoffeln und Kürbis untermengen ➟ Pfanneninhalt zu den Bohnen geben, gut vermengen und köcheln lassen, bis alles im Topf gar ist und die Soße dick wird, abschmecken und heiß servieren.

Nudeln mit Huhn

Zutaten:

250 g Hähnchenfleisch, kochen und zerkleinern
250 g Spinat, Blätter waschen und fein hacken
100 g Champignons, in Scheiben schneiden
1 Bund Lauchzwiebeln, in Scheiben schneiden
2 Esslöffel gehackte Petersilie
1 Esslöffel gehackter Basilikum
2 Esslöffel Tomatenmark, in ca. ½ Tasse Wasser auflösen
½ Tasse Sahne
Salz
Pfeffer
Öl

So wird es gemacht:

☺ Etwas Öl in einer tiefen Pfanne erhitzen ➟ Champignons dazugeben und kurz dünsten ➟ Spinat und Lauchzwiebeln untermengen ➟ Salz, Pfeffer, Basilikum und Petersilie dazugeben und gut vermengen ➟ aufgelöstes Tomatenmark und Sahne darüber gießen ➟ Spinat, Lauchzwiebeln und Hähnchenfleisch dazugeben und köcheln lassen, bis alles gar ist.

☺ Nudeln gar kochen, durch ein Sieb geben und abtropfen lassen, dann auf Tellern verteilen , Soße abschmecken und auf die Nudeln geben, Parmesankäse darüber reiben und heiß servieren.

❂❂❂❂❂❂❂❂❂❂❂

Gebackene Nudeln

Zutaten:

1 Packung Nudeln, zum Beispiel Fusilli
150 bis 200 g Hackfleisch
4 bis 5 Scheiben gekochter Schinken, hacken

1 Zwiebel, schälen und hacken
3 bis 4 lange, milde Peperoni, Stielansätze abschneiden, der Länge nach halbieren, Samen entfernen und hacken
1 bis 2 Esslöffel gehackte Petersilie
1 bis 2 Tassen zerkleinerter Blumenkohl und Broccoli, kurz blanchieren
1/2 Tasse geriebener Parmesankäse. Wer keinen Parmesan mag, kann eine andere Käsesorte verwenden
2 Tassen Milch
1/2 Tasse Sahne
2 Esslöffel Butter
3 Esslöffel Mehl
Salz
Pfeffer
Öl

So wird es gemacht:

☺ Etwas Öl in einer tiefen Pfanne erhitzen ➟ Zwiebeln und Peperoni dazugeben und weich dünsten ➟ Hackfleisch dazugeben und braten, bis die Flüssigkeit verdampft ist ➟ gekochten Schinken untermengen und braten, bis die Fleischstücke Farbe angenommen haben ➟ Petersilie, Salz, Pfeffer und Gemüse untermengen, ein paar Minuten dünsten und Pfanne vom Herd nehmen.

☺ Nudeln in reichlich Wasser und etwas Salz gar kochen, durch ein Sieb geben und abtropfen lassen, etwas Öl darüber geben und schwenken, damit die Nudeln nicht zusammenkleben.

☺ Hackfleisch und Nudeln in eine feuerfeste Form geben und gut vermengen.

☺ Backofen auf 200°C vorheizen.

☺ 2 Esslöffel Butter in einem kleinen Topf zerlassen, Mehl dazugeben, gut vermengen bis eine weiche Masse entstanden ist ➟ 2 Tassen Milch nach und nach dazugeben und rühren, bis die Masse etwas dicker wird ➟ die Hälfte des geriebenen Käses dazugeben und rühren, bis er geschmolzen ist und die Soße dicker wird ➟ mit Salz und Pfeffer abschmecken und über die Nudel-Hackmischung geben und gut vermengen ➟ Sahne darüber geben ➟ den restlichen Käse darüber streuen und in den Backofen schieben ➟ Backtemperatur auf 180°C reduzieren und ca. 15 bis 20 Minuten backen ➟ heiß mit Salat servieren

✪✪✪✪✪✪✪✪✪✪✪

Spaghetti mit Fleisch

Zutaten:

500 g Fleisch ohne Knochen, in kleine Würfel schneiden, waschen und abtropfen lassen
1 Packung Spaghetti, halbieren
2 Kartoffeln, schälen, in kleine Würfel schneiden, in ein Sieb geben und abtropfen lassen
2 bis 3 reife Tomaten, Haut anritzen, mit kochendem Wasser überbrühen, Haut abziehen und hacken (siehe Seite 23)
1 Esslöffel Tomatenmark, in ½ Tasse Wasser auflösen
1 Zwiebel, schälen und hacken
2 Knoblauchzehen, schälen, mit etwas Salz in einen Mörser geben und zerdrücken
2 Esslöffel gehackter Koriander
1 Esslöffel gehackter Basilikum
1 Esslöffel gehackte Petersilie
Salz und Pfeffer
Öl
Parmesankäse

So wird es gemacht:

☺ Etwas Öl in einer tiefen Pfanne erhitzen ➟ Zwiebeln dazugeben und glasig dünsten, Knoblauchpaste dazugeben und kurz dünsten ➟ Fleischwürfel dazugeben und braten, bis die Flüssigkeit verdampft und das Fleisch gar ist ➟ Tomaten und aufgelöstes Tomatenmark dazugeben, umrühren und köcheln lassen, bis die Soße dicker wird ➟ ca. 1 ½ Tassen Wasser darüber gießen und zum Kochen bringen. Spaghetti, Koriander, Petersilie und Basilikum dazugeben und kochen lassen, bis die Spaghetti gar sind ➟ die Spaghetti mit Soße auf Serverteller geben, mit Parmesankäse bestreuen und heiß servieren.

✪✪✪✪✪✪✪✪✪✪✪

Spaghetti mit Huhn

Zutaten:

500 g Spaghetti
500 g Hähnchenfleisch, mit oder ohne Knochen
2 große Tomaten, Haut anritzen, mit kochendem Wasser überbrühen, Haut abziehen, halbieren, Samen entfernen und grob hacken (siehe Seite 22)
2 Zwiebeln, schälen und grob hacken
3 bis 4 Knoblauchzehen, schälen, mit etwas Salz in einen Mörser geben und zerdrücken
Handvoll Pilze, Sorte nach Geschmack, in Scheiben schneiden
1 kleine Chilischote, Stielansatz abschneiden, der Länge nach halbieren, Samen entfernen und hacken
1 Teelöffel oder mehr getrockneter Oregano
Geriebener Parmesankäse
Salz und Pfeffer
Öl

So wird es gemacht:

☺ Tomaten und Zwiebeln in eine Küchenmaschine geben und pürieren ➟ durch ein Sieb geben und den Saft in einer Schale auffangen.
☺ Spaghetti in Salzwasser gar kochen, durch ein Sieb geben, abtropfen lassen, etwas Öl darüber geben und schwänken, damit die Spaghetti nicht zusammenkleben, in den Topf geben und warm halten.

☺ Etwas Öl in einem Topf oder einer tiefen Pfanne erhitzen ➟ Knoblauchpaste, Chili, Oregano und Pilze dazugeben und ein paar Minuten dünsten ➟ Tomaten-Zwiebelpüree dazugeben und gut vermengen ➟ mit Salz abschmecken ➟ ca. 2 Tassen Wasser darüber geben und zum Kochen bringen ➟ Hähnchenfleisch dazugeben und bei mittlerer Hitze und offenem Topf kochen lassen, bis das Fleisch gar ist und die Soße dicker wird ➟ Spaghetti auf Servierteller geben, Hähnchenfleisch darauf geben, Soße darüber gießen, mit Parmesankäse bestreuen und heiß servieren.

❂❂❂❂❂❂❂❂❂❂❂

Gekochter Ulluco (oder Olluco)

Ulluco (auch Ocas und Yacon) ist ein Südamerikanisches Wurzelgemüse mit verschiedenen Farben (rot, lila, grün, gelb…). Es wächst in sehr hohen Langen. Ulluco findet man nicht auf dem Markt. Einige Gärtnereien bieten diese Pflanze an, sie kostet ca. 3,00€.
Ulluco wird in Deutschland von Hobbygärtnern gepflanzt. Mehr Informationen darüber gibt es im Internet.

Zutaten:

500 g Tiefgefrorene oder 1 Dose Ulluco (Falls erhältlich)
500 g Kartoffeln, schälen und waschen
100 g Fetakäse, in feine Würfel schneiden oder mit einer Gabel zerkleinern
Chilipaste, Menge nach Geschmack, siehe Seite 39/40
1 Zwiebel, schälen und hacken
2 bis 3 Knoblauchzehen, schälen, mit etwas Salz in einen Mörser geben und zerdrücken
1/2 Teelöffel Kurkuma
Gehackte Petersilie, zum Garnieren
Salz
Pfeffer
Öl

2 Tassen Brühe oder Wasser

So wird es gemacht:

☺ Tiefgefrorene Ulluco in Salzwasser ca. 10 Minuten kochen lassen, durch ein Sieb geben, abtropfen und abkühlen lassen, dann in Scheiben schneiden. Falls man Ulluco aus der Dose verwenden möchte, Dose aufschneiden, durch ein Sieb geben und abtropfen lassen.
☺ Kartoffeln in Salzwasser gar kochen, durch ein Sieb geben, abtropfen und abkühlen lassen, dann in Scheiben schneiden.
☺ 2 bis 3 Esslöffel Öl in einer tiefen Pfanne oder einem Topf erhitzen ➠ Zwiebeln dazugeben und glasig dünsten ➠ Knoblauchpaste untermengen und kurz dünsten ➠ Kurkuma, Salz, Pfeffer, Kartoffeln und Ulluco dazugeben und gut vermengen ➠ 2 Tassen Wasser oder Brühe darüber geben, umrühren, mit Chilipaste abschmecken und kurz zum Kochen bringen, dann bei mittlerer Hitze ca. 5 Minuten kochen lassen, bis die Soße dicker wird. Die Soße soll das Gemüse gerade bedecken ➠ Fetakäse untermengen, in eine Servierschale geben, mit gehackter Petersilie garnieren und servieren.

☆☆☆☆☆☆☆☆☆☆☆

Ulluco in scharfer Soße

Zutaten:

1 Dose Ulluco, Dose aufschneiden, durch ein Sieb geben, mit Wasser abspülen und abtropfen lassen, dann in Scheiben schneiden
1 Teelöffel oder mehr Chilipaste, siehe Seite 39/40
1 Teelöffel süßes Paprikapulver
1 Zwiebel, schälen und hacken
1 Esslöffel Erdnussbutter
1/2 Tasse Milch
Salz
Pfeffer
Öl

So wird es gemacht:

☺ Erdnussbutter zur Milch geben und gut verrühren.
☺ Etwas Öl in einen Topf geben und erhitzen ➟ Paprikapulver und Zwiebeln dazugeben und kurz dünsten ➟ Chilipaste, Salz und Pfeffer untermengen und dünsten, bis die Zwiebeln weich sind ➟ Ullucoscheiben zu den Zwiebeln geben und gut vermengen ➟ Milchmischung darüber geben, umrühren und kochen lassen, bis die Flüssigkeit fast verdampft ist ➟ mit Chilipaste und Salz abschmecken und heiß servieren.
Man kann das Gericht mit gekochten und in Scheiben geschnitten Eiern garnieren.

☆☆☆☆☆☆☆☆☆☆☆

Kartoffelauflauf

Zutaten:

1,5 kg Kartoffeln, schälen, in dicke Scheiben schneiden, waschen und abtropfen lassen
1/2 bis 3/4 Tasse Milch oder Sahne
3 Eier, aufschlagen, in eine Schale geben und gut verrühren
250 bis 300 g Käse, Sorte nach Geschmack, reiben
Salz
Pfeffer
2 bis 3 Esslöffel zerlassene Butter

So wird es gemacht:

☺ Kartoffeln in einen Topf geben, mit Wasser und 1 Teelöffel Salz bedecken und gar, aber fest kochen, durch ein Sieb geben und abtropfen lassen.
☺ Eine feuerfeste Form mit Butter bepinseln ➟ die gekochten Kartoffeln in der Form schichten, etwas geriebenen Käse dazwischen verteilen und den Rest Käse darauf geben.
☺ Milch oder Sahne in eine Schale geben ➟ Eier, Salz und Pfeffer dazugeben und gut verrühren, ein paar Löffel heißes

Wasser dazugeben und rühren ➟ Soße über die Kartoffeln geben.

☺ Backofen auf 170°C vorheizen.

☺ Auflaufform in den Backofen schieben und ca. 40 Minuten backen, bis die Oberfläche eine goldbraune Farbe annimmt ➟ heiß mit Salat servieren.

☆☆☆☆☆☆☆☆☆☆☆

Kartoffeln mit Zwiebelsoße

Zutaten:

1 kg Kartoffeln, waschen
500 g Zwiebeln, schälen und fein hacken
1 gelbe, scharfe Chilischote, Stielansatz abschneiden, der Länge nach halbieren, Samen entfernen und hacken
3 bis 4 Knoblauchzehen, schälen und grob hacken
1 Tasse Frischkäse, Sorte nach Geschmack
1 Tasse Milch, Kondensmilch oder Sahne
1 Teelöffel Kurkuma
Salz
Pfeffer
Öl
Salatblätter
Oliven ohne Kerne

So wird es gemacht:

☺ Kartoffeln in einen Topf geben, mit Wasser bedecken und gar kochen ➟ durch ein Sieb geben, kurz abkühlen lassen, pellen, in ca. 2 cm Scheiben schneiden ➟ einen Servierteller mit Salatblättern bedecken ➟ Kartoffelscheiben darauf verteilen und beiseite stellen.

☺ Chili, Knoblauch und etwas Wasser in eine Küchenmaschine geben und pürieren.

☺ 1 Tasse Milch, Sahne oder Kondensmilch (oder von jedem etwas) und Frischkäse in eine Küchenmaschine geben und gut verrühren.

☺ Etwas Öl in eine tiefe Pfanne oder einen Topf geben und erhitzen ➟ Zwiebeln dazugeben und glasig dünsten ➟ etwas Pfeffer, Salz und Kurkuma untermengen und dünsten, bis die Zwiebeln Farbe annehmen ➟ Chilipaste untermengen und kurz dünsten ➟ Milch-Käsemischung dazugeben, umrühren und bei schwacher Hitze ein paar Minuten köcheln lassen ➟ Soße über die Kartoffeln geben, mit Oliven garnieren und servieren.

☆☆☆☆☆☆☆☆☆☆☆☆

Kürbis in Chilisoße

Zutaten:

1 Kürbis (ca. 2 kg), Sorte nach Geschmack
1 Tasse frische, breite Bohnen, kurz mit kochendem Wasser überbrühen, durch ein Sieb geben und feine Schalen entfernen
Je 1/4 Tasse frische Erbsen und Maiskörner
250 g Kartoffeln, schälen, halbieren und in dünne Streifen schneiden
4 bis 5 Esslöffel Frischkäse
1 Teelöffel Chilipaste, siehe Seite 39/40
1 große Zwiebel, schälen, halbieren und in dünne Scheiben schneiden
2 bis 3 Knoblauchzehen, schälen und hacken
1/2 Teelöffel Kurkuma
1/2 Teelöffel Kreuzkümmelpulver
1/2 Tasse Kondensmilch
1/2 Tasse Wasser
Salz
Pfeffer
Öl

So wird es gemacht:

☺ Kürbis halbieren und die Kerne entfernen, dann schälen, in dünne Streifen schneiden, dann vierteln ➟ Wasser in einem Topf zum Kochen bringen ➟ Kürbis, Kartoffeln, Maiskörner und Zwiebeln dazugeben und ein paar Minuten in kochendem Wasser blanchieren ➟ durch ein Sieb geben, abtropfen lassen und in eine tiefe Pfanne oder einen Topf geben, dann Frischkäse und Salz dazugeben und gut vermengen.

☺ Knoblauch, Chilipaste, Kurkuma, Kreuzkümmel, etwas Salz und 3 bis 4 Esslöffel Wasser in eine Küchenmaschine geben und pürieren ➟ etwas Öl in einer Pfanne erhitzen, Gewürzpaste dazugeben und ein paar Minuten bei schwacher Hitze köcheln lassen ➟ zum Gemüse geben und gut vermengen.

☺ Je 1/2 Tasse Wasser und Kondensmilch in eine Schale geben und gut verrühren, über das Gemüse geben und bei schwacher Hitze ca. 15 Minuten köcheln lassen, bis das Gemüse gar ist ➟ mit Salz und Pfeffer abschmecken ➟ heiß mit Reis und Salat servieren.

☆☆☆☆☆☆☆☆☆☆☆

Maisauflauf

Zutaten:

Frische Maiskörner von 6 bis 7 großen Maiskolben (ca. 4 Tassen) oder tiefgefrorene Maiskörner oder 1 große Dose

Folgende Zutaten in eine Schale geben und gut vermengen:

- 1/2 Tasse Maismehl
- 1/2 Teelöffel Zucker
- 2 Teelöffel Backpulver

150 g Käse, Sorte nach Geschmack, reiben

1 Zwiebel, schälen, halbieren und in dünne Scheiben schneiden

1 Bund Lauchzwiebeln, in dünne Scheiben schneiden

3 Eier, Eiweiß vom Eigelb trennen und beide beiseite stellen

Salz

1/2 Tasse Milch

1 Tasse Wasser

4 bis 5 Esslöffel zerlassene Butter
Geriebener Parmesankäse

So wird es gemacht:

☺ Frische Maiskörner in einen Topf geben, mit Wasser bedecken, etwas Salz darüber geben und gar kochen, durch ein Sieb geben und abtropfen lassen.
Falls man Mais aus der Dose verwenden möchte, deren Inhalt in ein Sieb geben und abtropfen lassen.
☺ 1 Tasse Wasser, Zwiebeln, Lauchzwiebeln und etwas Salz in einen Topf geben und ca. 10 Minuten bei schwacher Hitze köcheln lassen ➟ Topf vom Herd nehmen und abkühlen lassen.
☺ Eiweiß steif schlagen.
☺ Backofen auf 180°C vorheizen.
☺ Maiskörner in eine Küchenmaschine geben und pürieren ➟ Maismehlmischung, Eigelb und zerlassene Butter dazugeben und gut verrühren ➟ 1 Tasse Milch dazugeben und weiter rühren ➟ geriebenen Käse dazugeben, gut verrühren und in eine Schale geben ➟ Zwiebelmischung dazugeben und gut kneten ➟ Eischnee vorsichtig unterheben.
☺ Eine Auflaufform mit Butter bepinseln, Maismasse in die Form geben und die Oberfläche glätten ➟ Parmesankäse darüber streuen und im Backofen für ca. 40 bis 45 Minuten goldbraun backen ➟ heiß servieren.

☆☆☆☆☆☆☆☆☆☆☆

Grüne Bohnen mit Knoblauch

Zutaten:

500 g grüne Bohnen, Spitzen und harte Stellen abschneiden, halbieren, waschen und abtropfen lassen
3 Knoblauchzehen, schälen und hacken
2 bis 3 rote, lange, milde Peperoni, Stielansätze abschneiden, der Länge nach halbieren, Samen entfernen und in dünne Streifen schneiden

Zitronensaft
Salz
Pfeffer
Öl

So wird es gemacht:

☺ Bohnen in einen Topf geben, mit Wasser bedecken, etwas Salz darüber geben und bissfest kochen ➡ durch ein Sieb geben und abtropfen lassen.
☺ 2 bis 3 Esslöffel Öl in einer tiefen Pfanne oder einem Topf erhitzen ➡ Knoblauch dazugeben und kurz dünsten ➡ Peperonistreifen dazugeben und für ca. 1 Minute bei schwacher Hitze dünsten ➡ gekochte Bohnen untermengen, mit Salz, Pfeffer und Zitronensaft abschmecken und servieren.

☆☆☆☆☆☆☆☆☆☆☆

Blumenkohl mit grünem Chili

Zutaten:

1 Blumenkohlkopf, zerlegen, waschen und abtropfen lassen
1 kleine, scharfe, grüne Chilischote, Stielansatz abschneiden, der Länge nach halbieren, Samen entfernen und fein hacken
1 große Zwiebel, schälen und hacken
3 bis 4 mittelgroße Tomaten, hacken
1 Teelöffel mildes Paprikapulver
1/2 Tasse Wasser oder Brühe
Zitronensaft
Salz
Pfeffer
Öl

Man kann statt Blumenkohl einen kleinen Kohlkopf verwenden:
Blätter in dünne Streifen schneiden, dann halbieren, waschen und abtropfen lassen und wie Blumenkohl weiter bearbeiten.

So wird es gemacht:

☺ Etwas Öl in einer tiefen Pfanne oder einem Topf erhitzen ➟ Zwiebeln dazugeben und glasig dünsten ➟ Chili dazugeben und dünsten, bis sie weich sind und die Zwiebeln Farbe annehmen ➟ Tomaten, Paprikapulver, etwas Salz und Pfeffer dazugeben und ein paar Minuten dünsten, bis ein Teil der Flüssigkeit verdampft ist ➟ Blumenkohl dazugeben und gut vermengen ➟ Wasser oder Brühe darüber geben und umrühren ➟ Topf zudecken und kochen lassen, bis das Gemüse gar ist ➟ mit etwas Zitronensaft, Pfeffer und Salz abschmecken und heiß servieren.

☆☆☆☆☆☆☆☆☆☆☆

Fleischgerichte

Fleisch mit getrockneten Kartoffeln

Zutaten:

1 Tasse Papa Seca (siehe Seite 8), ein paar Minuten in einer Pfanne ohne Öl rösten, dann in eine Schale geben, reichlich Wasser darüber geben, über Nacht einweichen lassen, durch ein Sieb geben und abtropfen lassen
500 g Fleischstück ohne Knochen und Fett, in ca. 2 cm große Würfel schneiden, waschen und abtropfen lassen
1 große Zwiebel, schälen und hacken
2 bis 3 Knoblauchzehen, schälen, mit etwas Salz in einen Mörser geben und zerdrücken
4 bis 5 Esslöffel Erdnussbutter
1 Teelöffel oder mehr Chilipaste, siehe Seite 40
1 Teelöffel süßes Paprikapulver
1 Teelöffel Kreuzkümmelpulver
Salz
Pfeffer
Öl

So wird es gemacht:

☺ Etwas Öl in einen Topf geben und erhitzen ➟ Fleischstücke dazugeben und braten, bis die Flüssigkeit verdampft ist ➟ Zwiebeln, Knoblauchpaste, Chilipaste, Kreuzkümmel, Paprikapulver, Salz und Pfeffer dazugeben und braten, bis die Fleischstücke Farbe annehmen ➟ ca. 4 Tassen Wasser oder Brühe darüber gießen, umrühren und bei mittlerer Hitze kochen lassen, bis das Fleisch fast gar ist ➟ Erdnussbutter und Kartoffeln dazugeben, umrühren und kochen lassen, bis das Fleisch und die Kartoffeln gar sind. Zwischendurch umrühren, damit die Kartoffeln nicht am Topfboden kleben bleiben. Falls beim Kochen die Flüssigkeit fast verdampft ist, etwas Wasser darüber geben ➠ Topfinhalt in eine Servierschale geben und heiß servieren.

❖❖❖❖❖❖❖❖❖❖❖

Rinderfilets mit Kartoffeln

Zutaten:

500 g Rinderfilets, in 1x3 cm Streifen schneiden, waschen und abtropfen lassen
500 g Kartoffeln, schälen und in Streifen schneiden
1 große Zwiebel, schälen und in Scheiben schneiden
2 Knoblauchzehen, schälen und hacken
1 kleine Chilischote, Stielansatz abschneiden, der Länge nach halbieren, Samen entfernen und fein hacken
2 Tomaten, hacken
½ Teelöffel Kümmelpulver
1 Teelöffel Essig
Salz
Öl

So wird es gemacht:

☺ Reichlich Öl in eine Pfanne geben und erhitzen ➠ Kartoffeln dazugeben und braten, aus der Pfanne nehmen, abtropfen lassen und beiseite stellen.
☺ Das meiste Öl aus der Pfanne entfernen ➠ Zwiebel, Knoblauch, Kümmelpulver, etwas Salz und Essig dazugeben und kurz dünsten, Fleischstücke untermengen und braten, bis die Fleischstücke gar sind ➠ Kartoffeln, Tomaten und Chili untermengen und ein paar Minuten erhitzen und servieren.

Fleisch in Koriandersoße

Zutaten:

1 kg Rindfleisch ohne Knochen, in ca. 2 cm große Würfel schneiden, waschen und abtropfen lassen
1 Tasse getrocknete Bohnen, Sorte nach Belieben, über Nacht in Wasser einweichen, in ein Sieb geben und abtropfen lassen
500 g Cassava, schälen und in große Würfel schneiden
3 bis 4 Bünde Koriander, Blätter waschen, mit 1/2 Tasse Wasser in eine Küchenmaschine geben und pürieren
2 bis 3 Knoblauchzehen, schälen, mit etwas Salz in einen Mörser geben und zerdrücken
1 Zwiebel, schälen und hacken
½ Teelöffel Kurkuma
½ Teelöffel Kreuzkümmelpulver
Salz und Pfeffer
Öl
Ca. 3 ½ Tassen Wasser

So wird es gemacht:

☺ Bohnen in einen Topf geben, mit Wasser bedecken und gar kochen, durch ein Sieb geben und abtropfen lassen.
Etwas Öl in eine tiefe Pfanne oder in einen Topf geben und erhitzen ➟ Zwiebeln und Knoblauch dazugeben und kurz braten – Fleischstücke dazugeben, gut vermengen und 6 bis 7 Minuten braten, dabei rühren ➟ Wasser, etwas Salz, Pfeffer, Kurkuma und Kreuzkümmelpulver zum Fleisch geben, umrühren und kochen lassen ➟ Korianderpaste dazugeben, umrühren, Topf oder Pfanne zudecken und ca. 30 bis 40 Minuten bei mittlerer Hitze kochen lassen, bis das Fleisch gar ist ➟ Bohnen und Cassava untermengen und kochen lassen, bis die Cassava gar sind – Gericht in eine Servierschale geben und heiß servieren.

Man kann die Cassava aus dem Topf nehmen und separat zum Fleisch servieren.

❖❖❖❖❖❖❖❖❖❖❖

Fleisch in Tamarindesoße

Zutaten:

500 g Fleischstück ohne Knochen, in dünne Streifen schneiden, waschen und abtropfen lassen
2 Esslöffel Tamarindepaste, in ca. ½ Tasse Wasser auflösen
1 Zwiebel, schälen und hacken
2 Knoblauchzehen, schälen und halbieren
2 Mohrrüben, schälen und in Scheiben schneiden
1 Esslöffel Mehlstärke oder Maismehl, in ein paar Esslöffeln Wasser auflösen
1 Teelöffel Zucker
Salz und Pfeffer
Öl

So wird es gemacht:

☺ Etwas Öl in einer Pfanne erhitzen ➠ Zwiebeln dazugeben und glasig dünsten ➠ Knoblauch untermengen und kurz dünsten ➠ Fleischstücke dazugeben und braten, bis sie gar sind – Karotten untermengen und ein paar Minuten dünsten ➠ aufgelöste Tamarindepaste, Zucker, Salz und Pfeffer dazugeben, gut vermengen und ein paar Minuten köcheln lassen ➠ aufgelöste Mehlstärke darüber geben, umrühren und kurz kochen lassen, bis die Soße etwas dicker wird ➠ heiß mit Reis und Salat servieren.

❖❖❖❖❖❖❖❖❖❖❖

Fleisch in Essigsoße

Zutaten:

1 kg Fleisch ohne Knochen, in ca. 3 cm Würfel schneiden, waschen und abtropfen lassen

1 Zwiebel, schälen und hacken
2 bis 3 Knoblauchzehen, schälen und fein hacken
2 bis 3 Esslöffel Weinessig
½ Teelöffel Kurkuma
Salz
Pfeffer
Öl
2 Eier, aufschlagen, in eine Schale geben und rühren

So wird es gemacht:

☺ Etwas Öl in einer tiefen Pfanne erhitzen ➟ Zwiebeln dazugeben und glasig dünsten ➟ Knoblauch und Fleischstücke dazugeben und braten, bis die Flüssigkeit verdampft ist und die Fleischstücke Farbe angenommen haben ➟ Essig, Kurkuma, etwas Salz und Pfeffer darüber geben, umrühren und braten, bis das Fleisch fast gar ist ➟ ca. 2 Tassen Wasser darüber geben, Pfanne zudecken und bei mittlerer Hitze kochen lassen, bis das Fleisch gar ist ➟ Eier darüber geben, dabei rühren, ein paar Minuten köcheln lassen bis die Eier gestockt sind ➟ heiß mit Reis und Salat servieren.

❖❖❖❖❖❖❖❖❖❖❖

Fleisch mit Papa Seca

Zutaten:

500 g Fleischstück, in ca. 2 bis 3 cm große Würfel schneiden, waschen und abtropfen lassen
1 Tasse Papa Seca (siehe Seite 8)
5 bis 6 Esslöffel geröstete Erdnüsse, in einen Mörser geben und zerdrücken
1 kleines Stück Zimt
1 große Zwiebel, schälen und hacken
4 Knoblauchzehen, schälen, mit etwas Salz in einen Mörser geben und zerdrücken
Je ½ Teelöffel:
    Oregano

Kreuzkümmel
Chilipaste (siehe Seite 40)
Salz
Öl

So wird es gemacht:

☺ Kartoffeln (Papa Seca) ein paar Minuten in einer Pfanne ohne Fett rösten, dabei ständig rühren, damit sie nicht anbrennen, in eine Schale geben, reichlich Wasser darüber geben und über Nacht stehen lassen, dann durch ein Sieb geben und abtropfen lassen.

☺ Etwas Öl in einem Topf erhitzen ➟ Fleischwürfel dazugeben und braten, bis die Flüssigkeit verdampft ist ➟ Zwiebeln, Knoblauch, Zimt, Oregano, Kreuzkümmel und etwas Salz dazugeben und braten, bis die Zwiebeln weich sind ➟ Kartoffeln und ca. 1½ Tassen Wasser darüber geben, umrühren, Topf zudecken und köcheln lassen, bis die Flüssigkeit zur Hälfte verdampft ist ➟ zerdrückte Erdnüsse untermengen und ein paar Minuten weiter Kochen ➟ heiß mit gekochten Cassava, Reis und Soße servieren.

❖❖❖❖❖❖❖❖❖❖❖

Lammtopf

Zutaten:

1 kg Lammfleisch in vier Teile schneiden, waschen und abtropfen lassen
500 g Kartoffeln, schälen und vierteln (oder kleine Kartoffeln)
1 Mohrrübe, schälen und in Scheiben schneiden
1 Tasse Erbsen, frisch oder tiefgefroren
1 große Zwiebel, schälen und hacken
2 bis 3 Knoblauchzehen, schälen, mit etwas Salz in einen Mörser geben und zerdrücken
3 bis 4 Bünde Koriander, Blätter waschen, mit 4 bis 5 Esslöffeln Wasser in eine Küchenmaschine geben und pürieren

1 Teelöffel Oregano
1 Teelöffel süßes Paprikapulver
½ Teelöffel Kurkuma
Salz
Pfeffer
Öl

So wird es gemacht:

☺ Etwas Öl in einem Topf erhitzen ➟ Zwiebeln dazugeben und glasig dünsten ➟ Knoblauchpaste, Oregano, Kurkuma, Paprikapulver, Salz und Pfeffer dazugeben, gut vermengen und ein paar Minuten dünsten ➟ Korianderpaste und Fleischstücke dazugeben, gut vermengen und ca. 10 bis 15 Minuten braten ➟ ca. 1 ½ Tassen Wasser darüber gießen, Kartoffeln, Erbsen und Mohrrüben dazugeben, Topf zudecken und kochen lassen, bis das Gemüse gar ist und die Soße dick wird. Falls die Flüssigkeit verdampft ist, etwas Wasser darüber geben ➟ heiß mit Reis servieren.

❖❖❖❖❖❖❖❖❖❖❖

Fleisch mit Kartoffeln

Zutaten:

1 kg Fleisch ohne Knochen, in große Würfel schneide, waschen und abtropfen lassen
500 g kleine Kartoffeln, schälen
1 kleine Chilischote, Stielansatz abschneiden, der Länge nach halbieren, Samen entfernen und fein hacken
1 Zwiebel, schälen und hacken
2 bis 3 Knoblauchzehen, schälen, mit etwas Salz in einen Mörser geben und zerdrücken
1 Teelöffel Kreuzkümmelpulver
1 Teelöffel Paprikapulver
Salz und Pfeffer
Öl

So wird es gemacht:

☺ Etwas Öl in einem Topf erhitzen – Zwiebeln dazugeben, glasig dünsten und Knoblauchpaste dazugeben ➟ Fleischwürfel dazugeben, umrühren und braten bis die Flüssigkeit verdampft ist und das Fleisch Farbe angenommen hat ➟ Chili, Salz, Pfeffer, Paprikapulver und Kreuzkümmel dazugeben und gut vermengen ➟ 3 Tassen Wasser darüber gießen, umrühren, Topf zudecken und mit Cassava servieren.

❖❖❖❖❖❖❖❖❖❖❖

Fleisch mit Gemüse

Zutaten:

500 g Lammfleisch, in 2 bis 3 cm große Würfel schneiden, waschen und abtropfen lassen
250 g Kartoffeln, schälen und in Streifen oder Würfel schneiden
2 bis 3 Mohrrüben, schälen und in Scheiben schneiden
1 Tasse in Streifen geschnittene, grüne Bohnen
2 Zwiebeln, schälen und hacken
1 Bund Koriander, Blätter waschen und fein hacken
1 Esslöffel gehackte Petersilie
Je ½ Teelöffel:
 Kreuzkümmelpulver
 Oregano
 Chilipaste, siehe Seite 40
Salz
Pfeffer
Öl

So wird es gemacht:

☺ Fleischwürfel in eine Schale geben ➟ Salz, Pfeffer, Koriander, Oregano, Kümmel und Chilipaste dazugeben, gut vermengen, Schale zudecken und 1 Stunde stehen lassen.

Zwischendurch wenden.
☺ Etwas Öl in einen Topf geben und erhitzen ➡ Zwiebeln dazugeben und glasig dünsten ➡ Fleischstücke mit Marinade dazugeben, umrühren und braten, bis die Fleischstücke Farbe angenommen haben ➡ ca. 2 Tassen Wasser darüber geben, umrühren, Topf zudecken und bei mittlerer Hitze kochen lassen, bis das Fleisch fast gar ist ➡ Gemüse untermengen und kochen lassen, bis Alles gar ist ➡ abschmecken und heiß mit Reis und Salat servieren.

❖❖❖❖❖❖❖❖❖❖❖

Fleisch mit Süßkartoffeln

Zutaten:

500 g Fleischstück ohne Knochen, in 2 cm große Würfel schneiden, waschen und abtropfen lassen
500 g Süßkartoffeln
3 Knoblauchzehen, schälen und hacken oder mit etwas Salz in einen Mörser geben und zerdrücken
1 bis 2 Esslöffel Weinessig
1 Teelöffel Paprikapulver
Salz und Pfeffer
Öl

So wird es gemacht:

☺ Fleischstücke, Salz, Pfeffer, Knoblauch und Paprikapulver in eine Schale geben, gut vermengen, Schale zudecken und ca. 30 Minuten stehen lasse. Zwischendurch wenden.
Öl in einem Topf erhitzen ➡ Fleischstücke mit Marinade dazugeben und braten, bis die Fleischstücke Farbe angenommen haben ➡ Essig und ca. 1 Tasse Wasser darüber geben, umrühren, Topf zudecken und bei mittlerer Hitze kochen lassen, bis sie gar sind.
☺ Kartoffeln fast gar kochen, in ein Sieb geben, abtropfen lassen und kurz abkühlen lassen, dann pellen und vierteln.
Kartoffeln zum Fleisch geben und kochen lassen, bis sie gar sind ➡ abschmecken heiß mit Cassava servieren.

Fleischtopf

Zutaten:

1 kg Fleischstück aus der Schulter, in Würfel schneiden, waschen und abtropfen lassen
500 g Rippen, in Teile Schneiden, waschen und abtropfen lassen
5 bis 6 Knoblauchzehen, schälen und halbieren
2 Bünde Lauchzwiebeln, in Scheiben schneiden
1 Teelöffel Kreuzkümmelpulver
Salz

So wird es gemacht:

☺ 1 Tasse Wasser in einen Topf geben ➟ Fleischstücke, Salz, Pfeffer, Knoblauch und Kreuzkümmel dazugeben und kochen lassen, bis das Fleisch gar und die Flüssigkeit verdampft ist ➟ Lauchzwiebeln untermengen, gut vermengen und mit Reis und Gemüse servieren.

❖❖❖❖❖❖❖❖❖❖❖

Wildfleisch in Soße

Zutaten:

1 kg Wildfleisch ohne Knochen, Sorte nach Belieben, in große Würfel schneiden, waschen und abtropfen lassen
2 lange, rote, milde Peperoni, Stielansätze abschneiden, der Länge nach halbieren, Samen entfernen und zerkleinern
2 bis 3 Mohrrüben, schälen und in dünne Scheiben schneiden
2 bis 3 Knoblauchzehen, schälen, mit etwas Salz in einen Mörser geben und zerdrücken
3 Bünde Koriander, Blätter waschen und abtropfen lassen
1/2 Teelöffel Kreuzkümmelpulver

Salz und Pfeffer
Öl

So wird es gemacht:

☺ Korianderblätter, Peperoni, Mohrrüben, etwas Salz, Pfeffer und 1/2 Tasse Wasser in eine Küchenmaschine geben und pürieren.
Etwas Öl in einen Topf geben und erhitzen ➟ Knoblauchpaste und Kreuzkümmel dazugeben und gut vermengen ➟ Fleischstücke dazugeben und knusprig braten ➟ Korianderpüree und 1½ Tassen Wasser darüber geben und gut verrühren ➟ abschmecken ➟ Topf zudecken und bei mittlerer Hitze 15 bis 20 Minuten kochen lassen, bis das Fleisch weich ist und die Soße dicker wird. Falls die Soße fast verdampft ist, etwas Wasser darüber geben ➟ heiß mit Reis und Salat servieren.

❖❖❖❖❖❖❖❖❖❖❖

Gewürzte Schweinefüße

Zutaten:

4 Schweinefüße, gründlich waschen
4 bis 5 Knoblauchzehen, halbieren
1 große Zwiebel, schälen und hacken
1 Teelöffel süßes Paprikapulver
1 Teelöffel Kreuzkümmelpulver
Saft einer Zitrone
3 Esslöffel Salz

Zutaten für die Soße:

2 Tassen Wasser
2 Esslöffel Essig
1 kleine Chilischote, Sorte und Schärfe nach Geschmack, Stielansatz abschneiden, der Länge nach halbieren, Samen entfernen und fein hacken
1 Bund Lauchzwiebeln, in Scheiben schneiden
1 Esslöffel gehackte Petersilie

1 kleine Mohrrübe, schälen und hacken
1 Esslöffel brauner Zucker
Salz
Öl

So wird es gemacht:

☺ Die Zutaten für die Soße in einen kleinen Topf geben und rühren bis der Zucker aufgelöst ist ➟ kurz erhitzen und beiseite stellen.
☺ Mit einem scharfen Messer tiefe Schnitte in das Fleisch schneiden.
☺ Knoblauch, etwas Salz, Kreuzkümmel, Zwiebeln, Paprikapulver und Zitronensaft in einer Küchenmaschine pürieren.
☺ Die Schweinefüße mit Gewürzmarinade einreiben und auch in die tiefen Schnitte pressen.
☺ Die Schweinefüße in eine Schale geben, die restliche Marinade darüber geben, Schale zudecken und über Nacht in den Kühlschrank stellen. Zwischendurch wenden.
☺ Backofen auf 200°C vorheizen.
☺ Schweinefüße mit Gewürzmarinade in eine Auflaufform geben, in den Backofen schieben und ca. 15 Minuten backen, dann Backtemperatur auf 180°C reduzieren und weiterbacken, bis das Fleisch sehr gar und knusprig ist. Zwischendurch wenden und etwas Soße darüber geben ➟ Schweinefüße auf einen Servierteller geben und Soße separat servieren.

❖❖❖❖❖❖❖❖❖❖❖

Pansen in Gewürzsoße

Zutaten:

Saft einer Zitrone
1 kg Pansen, mit Zitronensaft einreiben, kurz stehen lassen, dann mit Wasser abspülen
2 Knoblauchzehen, schälen
1 großer Bund Pfefferminze

Salz
Pfeffer

Zutaten für die Soße:

500 g Kartoffeln, schälen und gar kochen
1 Tasse frische oder tiefgefrorene Erbsen, gar kochen
1 Tomate, halbieren und in Scheiben schneiden
2 bis 3 Zwiebeln, schälen und hacken
2 bis 3 Knoblauchzehen, schälen, mit etwas Salz in einen Mörser geben und zerdrücken
1 Teelöffel Chilipaste, siehe Seite 39/40
2 Esslöffel gehackter Koriander
Zitronensaft
½ Teelöffel Kurkuma
½ Teelöffel Kreuzkümmel
Öl

So wird es gemacht:

☺ Pansen, Knoblauch, Pfefferminze, Pfeffer und Salz in einen Topf geben, mit Wasser bedecken und kochen lassen, bis der Pansen gar ist. Eventuell Schaum, der während des Kochens auf der Oberfläche entsteht, mit einem Schaumlöffel entfernen.

☺ Pansen aus dem Topf nehmen, kurz abkühlen lassen und in ca. 0,5x2 cm Streifen schneiden.

☺ Brühe durch ein Sieb geben und in einer Schale auffangen, dann ca. 1 Tasse Brühe aufbewahren.

☺ 4 bis 5 Esslöffel Öl in einem Topf erhitzen ➠ Zwiebeln dazugeben und weich dünsten ➠ die restlichen Zutaten und die Pansenstücke untermengen und ein paar Minuten dünsten ➠ Brühe darüber gießen und aufkochen lassen, bis die Flüssigkeit fast verdampft ist ➠ Kartoffeln und Erbsen dazugeben, kurz erhitzen und heiß servieren.

Kalbsleber mit Kartoffeln

Zutaten:

500 g Kalbsleber, säubern, in ca. 2 cm große Würfel schneiden, waschen und abtropfen lassen
Mehl, auf einem Teller verteilen
1 Zwiebel, schälen, halbieren und in Scheiben schneiden
1 bis 2 Knoblauchzehen, schälen und in dünne Scheiben schneiden
200 bis 250 g feste Tomaten, Haut anritzen, mit kochendem Wasser überbrühen, Haut abziehen und hacken (siehe Seite 23)
2 bis 3 Kartoffeln, schälen und in dünne Scheiben schneiden
Salz
Pfeffer
Öl

So wird es gemacht:

☺ Etwas Öl in einer Pfanne erhitzen.

☺ Leberstücke mit Salz und Pfeffer bestreuen, in Mehl wenden und goldbraun braten, aus der Pfanne nehmen und beiseite stellen.

☺ Etwas Öl in einer tiefen Pfanne erhitzen ➟ Zwiebeln dazugeben und glasig dünsten ➟ Knoblauch, Tomaten, Kartoffeln, Salz und Pfeffer dazugeben und gut vermengen ➟ 1 Tasse Wasser oder Brühe darüber geben und bei mittlerer Hitze kochen lassen, bis die Kartoffeln gar sind ➟ Leberstücke in die Soße geben, umrühren und ein paar Minuten erhitzen ➟ abschmecken, in eine Servierschale geben, mit Petersilie garnieren und servieren.

Geflügelgerichte

Hähnchen mit Quinoa

Zutaten:

4 Hähnchenbrüste, halbieren und waschen
½ Tasse Quinoa, kochen (siehe Seite58)
1 Chilischote, Schärfe und Sorte nach Geschmack, Stielansatz abschneiden, der Länge nach halbieren, Samen entfernen, hacken, in eine Küchenmaschine mit etwas Wasser geben und pürieren
1 Zwiebel, schälen und hacken
1 bis 2 Knoblauchzehen, schälen, mit etwas Salz in einen Mörser geben und zerdrücken
Zitronensaft
50 g Fetakäse
Etwas Milch
2 bis 3 Esslöffel zerdrückte Erdnüsse
Salz
Pfeffer
Öl

So wird es gemacht:

☺ Hähnchenfleisch in eine Schale geben ➟ Salz, Pfeffer, Zitronensaft und etwas Öl darüber geben, Schale zudecken und 2 bis 3 Stunden im Kühlschrank aufbewahren. Zwischendurch wenden.
☺ Etwas Öl in einer Pfanne erhitzen ➟ Zwiebeln dazugeben und glasig dünsten ➟ Knoblauchpaste und Chilipaste dazugeben und ein paar Minuten dünsten ➟ Pfanne vom Herd nehmen und abkühlen lasse.
☺ Gekochte Quinoa, Erdnüsse, Fetakäse und Zwiebelmischung in eine Küchenmaschine geben, ca. ½ Tasse Milch darüber geben und zu einer weichen Masse

pürieren. Falls die Soße sehr dickflüssig ist, etwas Milch dazugeben und rühren.

☺ Die Hähnchenstücke von beiden Seiten braten oder grillen und auf Servierteller geben ➠ Soße kurz erwärmen, über das Fleisch geben und servieren.´

****

Hähnchen mit Mandeln

Zutaten:

4 Hühnerbrüste, halbieren, waschen und abtropfen lassen
½ Tasse blanchierte Mandeln
1 Zwiebel, schälen und hacken
1 große Tomate, hacken
Saft einer Zitrone
Mehl
½ Teelöffel getrockneter Thymian
Salz
Pfeffer
Olivenöl
Je ½ Tasse Wasser (oder Brühe) und Milch

So wird es gemacht:

☺ Hähnchenfleisch in eine Schale geben, Zitronensaft, Salz und Pfeffer darüber geben, gut vermengen, Schale zudecken und 2 bis 3 Stunden im Kühlschrank aufbewahren. Zwischendurch wenden.

☺ Öl in einer Pfanne erhitzen ➠ Hähnchenstücke in Mehl wenden und von beiden Seiten braten, bis sie Farbe annehmen, aus der Pfanne nehmen und beiseite stellen – Tomaten, Zwiebeln, Thymian, etwas Salz und Pfeffer in die Pfanne geben und gut vermengen ➠ ½ Tasse Wasser darüber geben und bei mittlerer Hitze ca. 5 Minuten kochen lassen, bis die Zwiebeln weich sind ➠ Soße kurz abkühlen lassen, dann in einer Küchenmaschine pürieren.

☺ Die gebratenen Hähnchenstücke in die Pfanne geben ➠

Soße durchsieben und über das Fleisch geben, kurz zum Kochen bringen und bei schwacher Hitze 5 bis 6 Minuten köcheln lassen.

☺ ½ Tasse Milch und blanchierte Mandeln in einer Küchenmaschine pürieren, über das Fleisch geben und weitere 5 Minuten köcheln lassen ➟ heiß mit Reis, Gemüse und Salat servieren.

****

Gebackener Mais mit Huhn

Zutaten für die Füllung:

500 g Hähnchenfleisch ohne Knochen und Haut, in Würfel schneiden, waschen und abtropfen lassen
2 Zwiebeln, schälen und hacken
2 bis 3 große Tomaten, Haut anritzen, mit kochendem Wasser überbrühen, Haut abziehen und hacken (siehe Seite 23)
1/2 Teelöffel Chilipaste, siehe Seite 40
1 Teelöffel getrockneter Oregano
Salz
Pfeffer
1 Tasse Brühe
Öl

Zutaten für den Teig:

1/2 Tasse Maismehl
1 kg frische Maiskörner. Falls man tiefgefrorene Maiskörner verwendet, vorher abtauen lassen
2 Teelöffel Backpulver
100 g geriebener Käse, Sorte nach Geschmack
5 Eier, aufschlagen, in eine Schale geben und rühren
1 Ei, Eiweiß vom Eigelb trennen und beide aufbewahren
1 Esslöffel Zucker
1/2 Tasse Butter, am besten ungesalzene Butter, zerlassen

So wird es gemacht:

☺ Füllung vorbereiten:

Etwas Öl in einem Topf erhitzen ➟ Zwiebeln dazugeben und weich dünsten ➟ Tomaten, Oregano, Salz, Pfeffer und Zucker untermengen und ca. 5 Minuten köcheln lassen ➟ Brühe darüber gießen und kochen lassen, bis die Soße etwas dicker wird ➟ Hähnchenfleisch dazugeben, Topf zudecken und kochen lassen, bis das Fleisch gar ist und die Soße dicker wird ➟ Topf vom Herd nehmen, abkühlen lassen, dann für ein paar Stunden in den Kühlschrank stellen.

☺ Teig fertig stellen:

Maismehl in eine Schale geben ➟ Zucker, Salz und Backpulver dazugeben und gut vermengen ➟ Maiskörner in eine Küchenmaschine geben und pürieren ➟ Maismehl, 5 Eier und 1 Eiweiß dazugeben und gut verrühren ➟ zerlassene Butter und geriebenen Käse dazugeben und weiter rühren, bis eine weiche Masse entstanden ist.

☺ Backofen auf 180°C vorheizen.

☺ Gericht fertig stellen:

Die Hälfte des Teiges in eine feuerfeste Form geben und glätten ➟ Füllung darauf verteilen ➟ den restlichen Teig darauf geben und glätten ➟ die Oberfläche mit Eigelb bepinseln ➟ Form in den vorgeheizten Backofen schieben und backen, bis die Oberfläche goldbraune Farbe hat, das kann bis zu einer Stunde dauern ➟ heiß mit Salat servieren.

❋❋❋❋❋❋❋❋❋❋

Hähnchen in Peperonisoße

Zutaten:

1 Hähnchen, in Teile zerkleinern (oder Hähnchenteile), Haut entfernen, waschen und abtropfen lassen
150 bis 200 g lange, rote, milde Peperoni, Stielansätze abschneiden, der Länge nach halbieren und Samen entfernen
1 kleine, rote Chilischote, Stielansatz abschneiden, der Länge nach halbieren und Samen entfernen
1/2 Tasse Maismehl oder Maistärke
3 bis 4 Knoblauchzehen, schälen, mit 1 Teelöffel Salz in einen Mörser geben und zerdrücken
1 Zwiebel, schälen und hacken
Salz
Öl

So wird es gemacht:

☺ Peperoni, Chili und 1/2 Tasse Wasser in eine Küchenmaschine geben und pürieren.
☺ Hähnchenteile mit Knoblauchpaste einreiben und in Mehl wenden.
☺ Öl in einer tiefen Pfanne oder einem Topf erhitzen ➟ Hähnchenteile dazugeben und bei mittlerer Hitze 6 bis 7 Minuten braten, aus der Pfanne nehmen und beiseite stellen.
☺ Das meiste Öl aus der Pfanne entfernen ➟ Zwiebeln dazugeben und glasig dünsten ➟ Hähnchenteile und Peperonipüree dazugeben und gut vermengen ➟ ca. 10 bis 15 Minuten köcheln lassen, bis das Fleisch gar ist. Falls die Soße fast verdampft ist etwas Wasser darüber geben ➟ heiß mit Reis oder Kartoffeln und Salat servieren.

****

Hähnchen mit Walnüssen

Zutaten:

1 kg Hähnchenfleisch ohne Knochen und Haut, waschen und abtropfen lassen

Folgende Zutaten zum Kochen vorbereiten, mit 1/2 Tasse Wasser in eine Küchenmaschine geben und pürieren:

1 große Zwiebel, schälen und grob hacken
3 bis 4 Knoblauchzehen, schälen und halbieren
1 bis 2 Chilischoten (Menge und Schärfe nach Geschmack), Stielansätze abschneiden, der Länge nach halbieren, Samen entfernen und grob hacken

Folgende Zutaten in eine Küchenmaschine geben und pürieren:

3 Esslöffel geriebene Walnüsse
1/2 Tasse Milch
1/2 Tasse Sahne
1 Teelöffel getrockneter Oregano
2 bis 3 Scheiben Toastbrot, toasten und zerbröseln

2 bis 3 Esslöffel geriebener Käse, Sorte nach Geschmack, zum Beispiel Parmesan
1/2 Teelöffel Kurkuma
Salz
Öl

So wird es gemacht:

☺ Hähnchenteile und 3 bis 4 Tassen Wasser in einen Topf geben und kochen lassen ➟ Salz darüber streuen ➟ Topf zudecken und kochen lassen, bis das Fleisch gar ist ➟ Fleisch aus der Brühe nehmen und beiseite stellen ➟ Brühe durchsieben und abkühlen lassen.

☺ Etwas Öl in eine tiefe Pfanne oder einen Topf geben und erhitzen ➟ Zwiebelpüree dazugeben und dünsten, bis die Masse Farbe annimmt ➟ Kurkuma untermengen ➟ ca. 2 Tassen Brühe darüber geben, rühren und zum Kochen bringen ➡ Walnussmischung und Käse dazugeben, gut vermengen und die Hähnchenteile in die Soße geben ➡ mit Salz abschmecken ➡ Topf zudecken ➡ kurz zum Kochen bringen, dann ca. 10 Minuten bei schwacher Hitze köcheln lassen, bis die Soße dicker wird ➡ heiß mit Kartoffeln und Salat servieren.

****

Hähnchen in Erdnusssoße

Zutaten:

1 kg Hähnchenteile, ohne Haut, waschen und abtropfen lassen

Folgende Zutaten in eine Küchenmaschine geben und pürieren:

1/2 Tasse geröstete Erdnüsse, feine Schalen entfernen
1/2 Tasse Milch
1/2 Tasse Fetakäse
2 Toastscheiben, toasten und zerbröseln
1 kleine Zwiebel, schälen und grob hacken

1/2 Teelöffel Kreuzkümmelpulver
1 kleine Zwiebel, schälen und hacken
2 bis 3 Knoblauchzehen, schälen, mit etwas Salz in einen Mörser geben und zerdrücken
Chilipulver, Menge nach Geschmack
2 Esslöffel gehackte Petersilienblätter
Salz
Öl

So wird es gemacht:

☺ 3 Tassen Wasser in einen Topf geben ➡ Hähnchenteile, gehackte Zwiebeln, Chilipulver, Salz, Knoblauchpaste und Kreuzkümmel dazugeben und kochen lassen, bis das Fleisch gar ist ➡ Fleisch aus der Brühe nehmen, auf Servierteller geben und warm halten.

☺ Etwas Öl in einem Topf erhitzen ➡ Erdnusspüree dazugeben und ca. 10 Minuten köcheln lassen, bis die Soße dicker wird. Falls die Soße sehr dickflüssig wird, etwas Brühe dazugeben ➟ Soße abschmecken, über das Hähnchen geben, gehackte Petersilie darüber streuen und heiß mit Gemüse servieren.

****

Hähnchenkeulen mit Chili

Zutaten:

8 Hähnchenkeulen, Haut entfernen, waschen und abtropfen lassen
4 getrocknete, scharfe Chilischoten, Stielansätze entfernen, der Länge nach halbieren und Samen entfernen
3 bis 4 Knoblauchzehen, schälen und fein hacken
1/2 Tasse geröstete Erdnüsse, feine Schalen entfernen und fein zerdrücken
Salz
Eventuell 1 Teelöffel Kreuzkümmelpulver
Öl

So wird es gemacht:

☺ Hähnchenkeulen in einen Topf geben, mit Wasser bedecken, 1 Teelöffel Salz dazugeben, Topf zudecken und kochen lassen, bis das Fleisch gar ist ➟ Keulen aus der Brühe nehmen und beiseite stellen ➟ Brühe durch ein Sieb geben, in einer Schale auffangen und beiseite stellen.

☺ Chili und ca. 1/4 Tasse Wasser in einen kleinen Topf geben und 5 bis 6 Minuten kochen lassen, bis sie weich sind, abkühlen lassen, dann in einer Küchenmaschine pürieren.

☺ Etwas Öl in einer tiefen, großen Pfanne erhitzen ➟ Erdnusspüree und Knoblauch (und eventuell Kreuzkümmelpulver) dazugeben und ein paar Minuten dünsten ➟ Chilipüree und 2 Tassen Brühe darüber geben, umrühren und zum Kochen bringen ➟ Hähnchenkeulen in die Soße geben, ein paar Minuten brodeln lassen und heiß mit Kartoffeln und Salat servieren.

Kalte Hähnchenplatte

Zutaten für das Huhn:

1 Hähnchen, zerlegen, Haut entfernen, waschen und abtropfen lassen. Man kann auch ca. 14 Hähnchenteile, zum Beispiel, Brust und Keulen verwenden
1 große Zwiebel, schälen und in Scheiben schneiden
2 Knoblauchzehen, schälen, mit etwas Salz in einen Mörser geben und zerdrücken
1 Bund Lauchzwiebeln, in Scheiben schneiden, waschen und abtropfen lassen
Salz
Pfeffer

Zutaten für das Gemüse:

1 Tasse frische Erbsen
2 bis 3 Mohrrüben, schälen und in Scheiben schneiden
Je 250 g kleine Blumenkohlröschen und Broccoliröschen, waschen und abtropfen lassen
Man kann auch andere Gemüsesorten verwenden, zum Beispiel grüne, lange Bohnen
Salz
Pfeffer

Zutaten für die Essigsoße:

1 sehr kleine Chilischote, Schärfe und Sorte nach Geschmack, Stielansatz abschneiden, der Länge nach halbieren, Samen entfernen und fein hacken
1 Tasse Hühnerbrühe
1/2 Tasse Weinessig
1 Teelöffel Zucker
Salz
Pfeffer
4 bis 5 Esslöffel Öl

So wird es gemacht:

☺ Hähnchen kochen:

Hähnchenteile und die Zutaten dafür in einen Topf geben ➟ ca. 4 Tassen Wasser darüber geben, rühren, Topf zudecken und kochen lassen, bis das Fleisch gar ist ➟ Hähnchenteile aus der Brühe nehmen, abtropfen lassen, in eine Schale geben, zudecken und im Kühlschrank aufbewahren.

☺ Brühe bei offenem Topf brodeln lassen, bis ca. 2 Tassen übrig bleiben ➟ durch ein Sieb geben, in einer Schale auffangen und beiseite Stellen.

☺ Gemüse kochen:

Gemüse in Salzwasser gar kochen, durch ein Sieb geben, abtropfen lassen und beiseite stellen.

☺ Soße herstellen:

Alle Zutaten für die Soße in eine Schale geben, gut verrühren und abschmecken.

☺ Gekochte Hähnchenteile, Gemüse, Soße und ca. 1 Tasse Brühe in eine Schale geben, gut vermengen, Schale zudecken und ein paar Stunden im Kühlschrank aufbewahren ➟ zum Servieren, Hähnchenteile in die Mitte einer Servierschale geben, Gemüse rundherum verteilen, die Soße darüber geben und servieren.

****

3 Fleischsorten mit Kartoffeln

Zutaten:

250 g Hähnchenfleisch ohne Knochen und Haut, in große Stücke schneiden, waschen und abtropfen lassen

250 g Rindfleisch ohne Knochen, in Würfel schneiden, waschen und abtropfen lassen

250 g Lamm oder andere Fleischsorte, in Würfel schneiden, waschen und abtropfen lassen

250 bis 350 g Kartoffeln, schälen und vierteln

1/2 Tasse gekochte Kichererbsen
2 bis 3 Knoblauchzehen, schälen, mit etwas Salz in einen Mörser geben und zerdrücken
3 bis 4 Esslöffel Reis, waschen
2 Esslöffel gehackte Pfefferminzblätter
1 Teelöffel süßes Paprikapulver
1 Prise Chilipulver
Salz

So wird es gemacht:

☺ Alle Fleischsorten in einen Topf geben, mit Wasser bedecken und kochen lassen, bis die Fleischstücke gar sind ➟ die restlichen Zutaten dazugeben und kochen lassen, bis die Kartoffeln gar sind ➟ mit Salz abschmecken und heiß mit Salat und Reis servieren.

****

Gebratenes Hähnchenfleisch

Zutaten:

500 g Hähnchenbrust ohne Haut, in große Stücke schneiden, waschen und abtropfen lassen
Maisstärke oder Maismehl
2 bis 3 Esslöffel gehackte Petersilie
1 Knoblauchzehe, schälen, mit etwas Salz in einen Mörser geben und zerdrücken
1 Zwiebel, schälen, halbieren und in dünne Scheiben schneiden
1 große Tomate, in Würfel schneiden
2 Esslöffel Weinessig
1 Esslöffel Sojasoße
Etwas Zitronensaft
1 Esslöffel Zucker
Salz und Pfeffer
Öl

So wird es gemacht:

☺ Hähnchenfleisch, Sojasoße, Knoblauchpaste, 1 Esslöffel Essig, etwas Zitronensaft, Salz und Pfeffer in eine Schale geben, gut vermengen und ca. 30 Minuten stehen lassen. Zwischendurch wenden.

☺ Tomaten, Zwiebeln, Petersilie, 1 Esslöffel Essig, Zucker und Salz in eine Servierschale geben und gut vermengen.

☺ Öl in einer Pfanne erhitzen ➟ Fleischstücke in Maisstärke wenden und von beiden Seiten knusprig braten ➟ aus der Pfanne nehmen, abtropfen lassen und auf Servierteller geben ➟ heiß mit Tomatensoße und gebratenen Kartoffeln servieren.

****

Gefüllte Pute

Zutaten:

1 Pute, waschen und abtropfen lassen, dann innen und außen mit Salz und Pfeffer einreiben

Den Hals und die Innereien aufbewahren.

Man kann verschiedene Zutaten für die Füllung verwenden. Wir haben 2 Füllungsarten für dieses Rezept zusammengestellt:

Zutaten für die Füllung 1:

200 bis 250 g Hackfleisch
100 g gekochter Schinken
1 große Zwiebel, schälen und hacken
1/2 Tasse blanchierte Mandeln
Je 1/2 Tasse getrocknete Aprikosen und Pflaumen, kurz in Wasser einweichen, aus dem Wasser nehmen und hacken
Je 1/2 Teelöffel:
- Piment
- Pfeffer

1 Teelöffel Salz
1/2 Tasse ungesalzene Butter

1 Tasse Brotkrümel
2 Eier, aufschlagen, in eine Schale geben und gut verrühren

Zutaten für die Füllung 2:

Je 100 g:
- Hackfleisch
- Hähnchebrust, in kleine Würfel schneiden
- Gekochter Schinken, in kleine Würfel schneiden

3 bis 4 Knoblauchzehen, schälen, mit etwas Salz in einen Mörser geben und zerdrücken
1 kleine Zwiebel, schälen und fein hacken
1/2 Tasse gekochter Reis
1 Tasse frische Erbsen
1 große Mohrrübe, schälen und in dünne Scheiben schneiden
2 bis 3 Esslöffel Rosinen ohne Kerne
50 g getrocknete Pflaumen und Datteln, in Wasser einweichen, aus dem Wasser nehmen und hacken
1 Teelöffel Kreuzkümmelpulver
Salz
Pfeffer
Öl oder Butter

Zutaten für die Soße:

3 bis 4 Esslöffel Mehl
3 Tassen Brühe oder Wasser
Das Putenfett, das beim Backen entsteht
Salz
Pfeffer

So wird es gemacht:

☺ Füllung 1 vorbereiten:

Butter in einer tiefen Pfanne oder einem Topf erhitzen ➟ Zwiebeln dazugeben und glasig dünsten ➟ Fleisch dazugeben und braten, bis es Farbe annimmt ➟ mit Salz und

Pfeffer abschmecken, Pfanne vom Herd nehmen und abkühlen lassen ➟ Aprikosen, Pflaumen, Piment, Pfeffer, Salz, Brotkrümel und Eier dazugeben und gut vermengen.

☺ Füllung 2 vorbereiten:

Etwas Öl oder Butter in einem Topf erhitzen ➟ Zwiebeln dazugeben und glasig dünsten ➟ Knoblauchpaste untermengen ➟ Fleisch dazugeben und braten, bis es Farbe annimmt ➟ Erbsen und Mohrrüben untermengen und dünsten, bis sie weich sind ➟ die restlichen Zutaten untermengen und mit Salz und Pfeffer abschmecken.

☺ Backofen auf 200°C vorheizen, dann die Temperatur auf 180°C reduzieren.

☺ Pute mit Füllung 1 oder 2 füllen und mit Nadel und Faden zunähen, in eine feuerfeste Form geben und mit zerlassener Butter bepinseln, in den Backofen schieben und backen, das kann, je nach Größe der Pute, ein paar Stunden dauern. Zwischendurch etwas Fett, das sich durch das Backen in der Form sammelt, über die Pute träufeln.

☺ Soße herstellen:

① Das Fett aus der Form vorsichtig durch ein Sieb geben und in einem Topf auffangen.

② Hals, Innereien, 3 Tassen Wasser, Pfeffer und Salz in einen Topf geben und ca. 10 Minuten kochen lassen ➟ Brühe durch ein Sieb geben und in einer Schale auffangen.

③ Mehl zum Putenfett geben und gut verrühren, dabei zum Kochen bringen, bis eine weich Masse entstanden ist ➟ Brühe darüber gießen und gut verrühren, Kochen lassen, bis die Soße dicker wird, mit Salz und Pfeffer abschmecken.

☺ Füllung aus der Pute nehmen und in eine Servierschale geben ➟ Pute auf Servierteller geben und mit Füllung und Soße servieren.

❄❄❄❄❄❄❄❄❄❄

Putenfleisch mit Erdnusssoße

Zutaten:

1 kg Putenfleisch ohne Knochen und Haut, in Stücke schneiden, waschen und abtropfen lassen, in eine Schale geben, mit Salz und Pfeffer bestreuen und gut vermengen
1 Zwiebel, schälen und hacken
3 bis 4 Knoblauchzehen, schälen, mit etwas Salz in einen Mörser geben und zerdrücken
1 große Tomate, hacken
1/2 Tasse geröstete Erdnüsse, feine Schalen entfernen und zerdrücken
1/2 Tasse Kichererbsenmehl
1 Teelöffel süßes Paprikapulver
Salz
Pfeffer
Öl

So wird es gemacht:

☺ Etwas Öl in einen Topf geben und erhitzen ➟ Zwiebeln dazugeben und glasig dünsten ➟ Knoblauchpaste und Tomaten untermengen und dünsten, bis die Masse dicker wird ➟ mit Paprikapulver, Salz und Pfeffer abschmecken ➟ Putenstücke in die Soße geben und dünsten, bis sie Farbe annehmen ➟ 5 Tassen heißes Wasser darüber geben und bei mittlerer Hitze kochen lassen, bis das Fleisch fast gar ist ➟ Kichererbsenmehl in ca. 1 Tasse Wasser auflösen und zum Putenfleisch geben, dann die zerdrückten Erdnüsse dazugeben und gut vermengen ➟ köcheln lassen, bis das Fleisch gar und die Soße dickflüssig ist. Falls die Soße sehr dickflüssig wird, etwas Wasser darüber geben ➟ mit Salz und Pfeffer abschmecken und mit Reis und Salat servieren.

****

Ente in Paprikasoße

Zutaten:

1 Ente, enthäuten, waschen und abtropfen lassen, dann von innen und außen mit Salz und Pfeffer bestreuen
3 rote, lange, milde Peperoni oder 2 rote Paprikaschoten, Stielansätze abschneiden, der Länge nach halbieren, Samen entfernen und hacken
2 Tomaten, hacken
2 bis 3 Knoblauchzehen, schälen und hacken oder mit etwas Salz in einen Mörser geben und zerdrücken
1 Teelöffel süßes Paprikapulver
Etwas Weinessig
Salz
Pfeffer
Öl

So wird es gemacht:

☺ Etwas Öl in einem großen Topf erhitzen ➟ Ente dazugeben und rundherum braten, bis sie braune Farbe annimmt ➟ ca. 2 Tassen Wasser darüber geben, Topf zudecken und bei mittlerer Hitze kochen lassen.
☺ Etwas Öl in einer Pfanne erhitzen ➟ Tomaten, Paprika, Knoblauchpaste, Paprikapulver, Salz, Pfeffer und 1 Teelöffel Essig dazugeben und ein paar Minuten dünsten ➟ Gewürzmischung zur Ente geben und kochen lassen, bis das Fleisch gar und ein Teil der Soße verdunstet ist. Falls viel Flüssigkeit verdampft ist, etwas Wasser darüber geben ➟ heiß mit Reis und Salat servieren.
Zum besseren Geschmack, kann man Mohrrüben und/oder frische Erbsen dazugeben, wenn die Ente gar ist und 7 bis 8 Minuten mitkochen lassen.

****

Hähnchen oder Entenleber

Zutaten:

500 g Hähnchen oder Entenleber, waschen und abtropfen lassen
2 bis 3 Knoblauchzehen, schälen, mit etwas Salz in einen Mörser geben und zerdrücken
2 Tomaten, Haut anritzen, mit kochendem Wasser überbrühen, Haut abziehen, der Länge nach halbieren, Samen entfernen und hacken (siehe Seite 22)
1 kleine Zwiebel, schälen und fein hacken
Chilipulver, Menge und Sorte nach Geschmack
1/2 Teelöffel süßes Paprikapulver
Salz
Pfeffer
Öl

So wird es gemacht:

☺ Etwas Öl in einer tiefen Pfanne erhitzen ➟ Leberstücke dazugeben und braten, bis sie goldbraune Farbe annehmen ➟ aus der Pfanne nehmen und beiseite stellen ➟ Zwiebeln in die Pfanne geben und glasig dünsten ➟ Knoblauchpaste untermengen und kurz dünsten ➟ Tomaten, Chilipulver, Paprikapulver, Pfeffer und Salz dazugeben, gut vermengen und dünsten, bis ein Teil der Flüssigkeit verdampft ist ➟ Leber in die Soße geben, gut vermengen und köcheln lassen, bis die Leber gar ist. Falls die Soße verdampft ist, etwas Wasser darüber geben und rühren ➟ heiß mit Reis oder Brot und Salat servieren.

****

Fischgerichte

Gegrillte Forelle

Zutaten:

2 bis 3 Forellen, säubern, waschen und abtropfen lassen
Saft einer Zitrone
1 Knoblauchzehe, schälen, in einem Mörser mit etwas Salz zerdrücken
1 Esslöffel gehackte Petersilie
Salz
Pfeffer
Öl oder zerlassene Butter

So wird es gemacht:

☺ 4 bis 5 Esslöffel Öl in eine Schale geben ➟ Knoblauchpaste, Petersilie, Zitronensaft, Pfeffer und Salz dazugeben und gut verrühren ➟ den Fisch mit der Marinade von innen und außen einreiben und in eine Schale geben ➟ die restliche Marinade über den Fisch geben ➟ Schale zudecken und ca. 2 Stunden im Kühlschrank stehen lassen, zwischendurch den Fisch wenden und in der Marinade wälzen.

☺ Ein Grill mit Holzkohle zum Grillen vorbereiten.
Fisch auf ein geöltes Grillgitter geben und je Seite 5 Minuten grillen. Die Fische dürfen nicht so nah an das Feuer gelegt werden ➟ heiß mit Salat und Brot servieren.

****

Getrockneter Fisch mit Gemüse

Zutaten:

500 g getrockneter Fisch, unter fließendem Wasser waschen, in eine Schale geben, mit Wasser bedecken und über Nacht stehen lassen. Zwischendurch das Wasser wechseln, Gräten entfernen und in kleine Stücke schneiden
3 bis 4 Kartoffeln, schälen und vierteln
1 Tasse frische Erbsen
2 Tassen zerkleinerter Kohl
1 Mohrrübe, schälen und in dünne Scheiben schneiden
3 bis 4 Knoblauchzehen, schälen und fein hacken
1 Teelöffel mildes Paprikapulver
1 Teelöffel getrockneter Oregano
1/2 Teelöffel Kreuzkümmelpulver
Salz und Pfeffer
2 Tassen Wasser
Öl
Gehackte Tomaten, zum Garnieren

So wird es gemacht:

☺ 2 bis 3 Esslöffel Öl in einen Topf oder eine tiefe Pfanne geben und erhitzen ➟ Knoblauch dazugeben und kurz dünsten ➟ Fischstücke dazugeben, gut vermengen und bei schwacher Hitze 3 bis 4 Minuten dünsten ➟ Kartoffeln untermengen, dann Paprikapulver, Kümmelpulver, Oregano, Pfeffer und etwas Salz dazugeben und gut mit den Gewürzen vermengen ➟ Kohlstreifen dazugeben und rühren ➟ 2 Tassen Wasser darüber geben, Topf zudecken und kochen lassen, bis die Kartoffeln fast gar sind ➟ Erbsen und Mohrrüben dazugeben, umrühren und ein paar Minuten kochen lassen, bis das Gemüse gar ist ➟ abschmecken und servieren.

****

Gebackener Fisch

Zutaten:

2 bis 3 Fische, ca.1 kg mit festem Fleisch, säubern, halbieren, waschen und abtropfen lassen
3 bis 4 Knoblauchzehen, schälen, mit etwas Salz in einen Mörser geben und zerdrücken
Zitronensaft
Salz
Pfeffer
Öl oder zerlassene Butter

So wird es gemacht:

☺ Backofen auf 160°C vorheizen.
☺ Zitronensaft, 1 bis 2 Esslöffel Öl oder zerlassene Butter, Knoblauchpaste, Pfeffer und Salz in eine Schale geben und gut vermengen ➠ die Fischstücke mit der Marinade von innen und außen einreiben, dann in eine feuerfeste Form geben ➠ falls Marinade übrig geblieben ist, über die Fischstücke geben ➠ in den Backofen schieben und ca. 10 bis 15 Minuten backen ➠ heiß mit Reis oder Kartoffeln und Salat servieren.

✶✶✶✶✶✶✶✶✶✶

Gebackene Forellen

Zutaten:

1 kg Forellen, säubern, waschen und abtropfen lassen
3 Tomaten, Haut anritzen, mit kochendem Wasser überbrühen, Haut abziehen, halbieren, Samen entfernen und grob hacken, dann in eine Küchenmaschine geben, 1/2 Tasse Wasser dazugeben und pürieren
1 Zwiebel, schälen und fein hacken
1 bis 2 Knoblauchzehen, schälen, mit etwas Wasser in einen Mörser geben und zerdrücken
3 bis 4 Esslöffel gehackte Petersilie

Salz
Pfeffer
Öl

So wird es gemacht:

☺ Backofen auf 160°C vorheizen.
☺ Die Fische in eine feuerfeste Form geben ➟ mit etwas Öl beträufeln und wenden.
☺ Etwas Öl in einem kleinen Topf erhitzen ➟ Zwiebeln dazugeben und glasig dünsten ➟ Knoblauchpaste untermengen ➟ Tomatenpüree dazugeben, mit Salz und Pfeffer abschmecken und 2 bis 3 Minuten bei schwacher Hitze köcheln lassen ➟ Petersilie in die Tomatensoße geben, rühren und über den Fischen verteilen ➟ Backform in den Backofen schieben und ca. 15 Minuten garen ➟ heiß mit Reis oder Kartoffeln und Salat servieren.

****

Fischfilets in Soße

Zutaten:

500 g weiße Fischfilets, Sorte nach Belieben
1 Zwiebel, schälen, halbieren und in dünne Scheiben schneiden
2 Knoblauchzehen, schälen und fein hacken
1 große Tomate, halbieren und in dünne Streifen schneiden
1/4 Tasse Wasser
1 Teelöffel Paprikapulver
Salz
Pfeffer
Öl
Gehackte Petersilie, zum Garnieren.

So wird es gemacht:

☺ Etwas Öl in einer großen Pfanne erhitzen ➟ Zwiebeln, Knoblauch, Tomaten, Paprikapulver, Salz und Pfeffer dazugeben und ein paar Minuten dünsten ➟ Wasser darüber gebe und rühren ➟ Fischfilets in die Soße tauchen, Pfanne zudecken und ca. 5 bis 6 Minuten garen, auf einen Servierteller geben, mit Petersilie garnieren und mit Reis servieren.

****

Fisch mit Kokosnussmilch

Zutaten:

1,5 kg Fischfilets (Kabeljau, Dorsch oder eine andere Fischsorte), waschen und abtropfen lassen
250 g Krabbenfleisch
250 g gekochter Tintenfisch oder Kalamaris, in kleine Stücke schneiden
1/2 Tasse Kokosnussmilch (gibt es in Dosen)
2 Esslöffel gehackte Korianderblätter
3 Knoblauchzehen, schälen, mit etwas Salz in einen Mörser geben und zerdrücken
1 Zwiebel, schälen und hacken
1 Teelöffel Paprikapulver
1 cm Ingwerwurzel, schälen und zerdrücken. Ersatzweise 1 Teelöffel Ingwerpulver
Mehl, auf einem flachen Teller verteilen
1/2 Tasse Wasser
1 Esslöffel Maisstärke oder Maismehl, in 2 bis 3 Esslöffeln Wasser vermengen
Salz
Öl

So wird es gemacht:

☺ Etwas Öl in einer Pfanne erhitzen ➟ Fischfilets mit etwas Knoblauchpaste einreiben, mit Salz bestreuen und in Mehl wälzen, dann in der Pfanne bei schwacher Hitze von beiden Seiten braten ➟ aus der Pfanne nehmen, auf Küchenpapier geben, damit das überschüssige Öl entfernt wird, auf einen Servierteller geben und warm halten.

☺ Die Zwiebeln in der gleichen Pfanne glasig dünsten ➟ Ingwerpaste und die restliche Knoblauchpaste dazugeben und kurz dünsten ➟ Tintenfischstücke und Krabben untermengen, 1/2 Tasse Wasser, Kokosnussmilch und Paprikapulver darüber geben, umrühren und 5 Minuten kochen lassen ➟ aufgelöste Maisstärke dazugeben und rühren, damit die Soße dicker wird ➟ mit Salz abschmecken ➟ über die Fischfilets geben, mit gehacktem Koriander garnieren und heiß mit Reis und Salat servieren.

****

Fischfilets mit Kochbananen

Zutaten:

3 Fischfilets, Sorte nach Belieben, halbieren, waschen, abtropfen lassen und mit Salz bestreuen
3 Kochbananen, schälen und der Länge nach halbieren
1 Zwiebel, schälen und hacken
2 bis 3 rote und grüne, lange, milde Peperoni, Stielansätze abschneiden, der Länge nach halbieren, Samen entfernen und in dünne Streifen schneiden
3 Tassen Wasser
1 Bund Koriander, Blätter waschen und hacken
Salz

So wird es gemacht:

☺ 3 Tassen Wasser in einem Topf zum Kochen bringen ➟ Kochbananen dazugeben und bei mittlerer Hitze ca. 5 bis 6 Minuten kochen lassen, bis sie weich sind ➟ die restlichen Zutaten dazugeben, umrühren, Topf zudecken und ca. 10 bis 15 Minuten köcheln lassen ➟ abschmecken ➟ heiß mit Reis und Salat servieren.

****

Scharfe Garnelen

Zutaten:

1 kg mittelgroße Garnelen, Fleisch aus den Schalen lösen und halbieren. Die Schalen für die Brühe aufbewahren
1 mittelgroße Zwiebel, schälen und hacken
1 bis 2 Knoblauchzehen, schälen und fein hacken
2 Tomaten, enthäuten und hacken, siehe Seite 22
1 kleine, gelbe, scharfe Chilischote, Stielansatz abschneiden, der Länge nach halbieren, Samen entfernen und hacken. Ersatzweise 1 Teelöffel Chilipulver
2 Kartoffeln, schälen, kochen und in kleine Würfel schneiden
Salz
Pfeffer

So wird es gemacht:

☺ Garnelenschalen und 1½ Tassen Wasser in einen Topf geben und ca. 15 Minuten kochen lassen ➟ Sieb über eine Schale geben, Brühe durch das Sieb geben und beiseite stellen.
☺ 2 bis 3 Esslöffel Öl in einem Topf erhitzen ➟ Zwiebeln dazugeben und glasig dünsten ➟ Tomaten untermengen und ein paar Minuten bei schwacher Hitze dünsten ➟ 1 Tasse Brühe darüber geben ➟ Garnelen dazugeben und ca. 2 bis 3 Minuten kochen lassen ➟ Chili, Salz, Pfeffer und Kartoffeln dazugeben, rühren, Topf zudecken und weitere 4 bis 5 Minuten garen, zwischendurch rühren ➟ in eine Servierschale geben und heiß mit Reis servieren.

****

Garnelen und Gemüse

Zutaten:

500 g mittelgroße Garnelen oder große Krabben, gründlich waschen
10 bis 12 Muscheln, gründlich waschen. Nur geschlossene Muscheln verwenden
1 kleiner Fisch oder Fischköpfe, mit 4½ Tassen Wasser in einen Topf geben, ca. 10 Minuten kochen lassen, durch ein Sieb geben und die Brühe in einer Schale auffangen
1 Maiskolben, in ca. 2 cm dicke Scheiben schneiden
4 bis 5 Kartoffeln, schälen waschen und halbieren
250 g Kürbisfruchtfleisch, in Würfel schneiden
1/2 Tasse zerkleinerte, grüne Bohnen
1 bis 2 Mohrrüben, schälen und in Scheiben schneiden
1 Stange Porree, in Scheiben schneiden, waschen und abtropfen lassen
1/2 Tasse zerkleinerter und gewaschener Kohl
1/2 Tasse gekochter Reis, siehe Seite 63
1 Tasse Milch, Sahne oder Kondensmilch (oder eine Mischung der 3 Sorten)
2 bis 3 Knoblauchzehen, schälen und fein hacken
1 Zwiebel, schälen und hacken
1 kleine Chilischote, Stielansatz abschneiden, der Länge nach halbieren, Samen entfernen und fein hacken. Ersatzweise 1/2 Teelöffel oder mehr Chilipulver
Salz
Öl

So wird es gemacht:

☺ Die Garnelen oder Krabben und die Muscheln in einen Topf geben, mit Wasser bedecken und kochen, bis sie sich öffnen. Geschlossene Muscheln entfernen, sie dürfen nicht verzehrt werden ➟ durch ein Sieb geben und abtropfen lassen.

☺ Etwas Öl in einen Topf geben und erhitzen ➠ Zwiebeln, Knoblauch, Chili und Salz dazugeben und ca. 1 Minute dünsten ➠ Porree, Mohrrüben, Kürbis und Kohl untermengen und 2 bis 3 Minuten dünsten ➠ Kartoffeln und Mais dazugeben und gut vermengen ➠ ca. 4 Tassen Fischbrühe darüber geben, Topf zudecken und kochen lassen, bis das Gemüse gar ist ➠ abschmecken ➠ Garnelen oder Krabben und Muscheln untermengen und ein paar Minuten kochen lassen ➠ Kondensmilch (oder Milchmischung) und gekochten Reis untermengen und 2 bis 3 Minuten kochen lassen ➠ in eine Servierschale geben, mit gehackter Petersilie garnieren und heiß servieren.

✶✶✶✶✶✶✶✶✶✶

Nachspeisen

Quinoaecken

Zutaten:

1 Tasse Quinoa (Quinua), gar kochen und abkühlen lassen, siehe Seite 56
1 Tasse Reismehl
1 Tasse brauner Zucker
1/2 Tasse Orangensaft
1/2 Tasse gehackte Walnüsse
1/2 Tasse getrocknete Früchte, zum Beispiel Aprikosen
1/2 Tasse Rosinen ohne Kerne
1/2 Tasse zerlassene, ungesalzene Butter
3 Eier, aufschlagen, in eine Schale geben und rühren
2 Tassen Wasser
1 Teelöffel Backpulver
1 Teelöffel Zimt
Etwas geriebener Muskat
Ein Prise Nelkenpulver
1 bis 2 Teelöffel Vanilleextrakt

So wird es gemacht:

☺ Backofen auf 180°C vorheizen.
☺ Eine längliche, feuerfeste Form mit Butter bepinseln.
☺ Alle Zutaten in eine Küchenmaschine geben, gut verkneten, in die Form geben, die Oberfläche glätten und für ca. 40 Minuten im Backofen backen, bis die Oberfläche goldbraune Farbe bekommt und die Masse in der Mitte trocken ist ➞ Form abkühlen lassen ➞ Quinoa mit Zucker berieseln, in Stücke schneiden und servieren.

☆☆☆☆☆☆☆☆☆☆☆

Süße Bohnen

Zutaten:

500 g (oder 2 Tassen) getrocknete, gelbe oder schwarze Bohnen, über Nacht in Wasser einweichen
3 Tassen Zucker
1 Teelöffel Zimt
1 Zimtstange
Ein paar Nelken
1 Tasse Kondensmilch
2 bis 3 Esslöffel geröstete Sesamkerne

So wird es gemacht:

☺ Bohnen in einen Topf geben, mit Wasser bedecken und kochen lassen, bis sie gar sind ➟ durch ein Sieb geben und abtropfen lassen, Kochflüssigkeit aufbewahren.
☺ 1 Tasse Kochflüssigkeit in einen Topf geben und zum Kochen bringen ➟ Zucker, Zimt und Nelken dazugeben und rühren, bis der Zucker aufgelöst ist ➟ Milch und Bohnen dazugeben und köcheln lassen, bis sich die Bohnen leicht vom Topfboden lösen und der Topfboden zu sehen ist ➟ in Servierschalen geben, mit Sesamkernen bestreuen und abkühlen lassen.

☆☆☆☆☆☆☆☆☆☆☆

Kürbispudding

Zutaten:

1 kleiner Kürbis (ca. 1,5 kg), halbieren, Kerne entfernen, schälen und in kleine Würfel schneiden
1½ Tassen Zucker
1/2 Tasse Milch
1 kleine Zimtstange
Ein paar Nelken
1/2 Teelöffel Anispulver
2 bis 3 Esslöffel Maismehl oder Maisstärke, in 4 bis 5

Esslöffeln Wasser auflösen

So wird es gemacht:

☺ Kürbiswürfel, Milch oder Wasser, Anispulver, Zimtstange und Nelken in einen Topf geben und bei schwacher Hitze ca. 10 bis 15 Minuten köcheln lassen ➟ Zucker dazugeben, unter Rühren auflösen und 5 bis 6 Minuten köcheln lassen ➟ aufgelöste Maisstärke darüber geben, umrühren und ein paar Minuten köcheln lassen, bis der Kürbis zu Püree und fest geworden ist ➟ Kürbispudding in Gläser füllen, mit Zimtpulver garnieren und warm servieren.

☆☆☆☆☆☆☆☆☆☆☆

Reispudding

Zutaten:

1/2 Tasse Milchreis
4 Tassen Milch
3 bis 4 cm Zimtstange
1/2 Tasse Zucker
4 bis 5 Esslöffel Rosinen ohne Kerne
1 Teelöffel oder weniger Vanilleessenz
2 bis 3 Esslöffel zerlassene Butter, ungesalzen
Prise Salz
Zimtpulver

So wird es gemacht:

☺ Milch, Zimtstange und Prise Salz in eine tiefe Pfanne geben und zum Kochen bringen ➟ Reis dazugeben, umrühren und bei sehr schwacher Hitze ca. 1 Stunde köcheln lassen. Zwischendurch umrühren ➟ Zucker und Rosinen dazugeben und rühren, bis der Zucker aufgelöst ist ➟ köcheln lassen, dabei umrühren, bis die Masse dicker und kremig wird ➟ Zimtstange entfernen ➟ Vanilleessenz und zerlassene Butter dazugeben, umrühren, in Servierschalen geben, mit Zimtpulver bestreuen und warm servieren.

❄❄❄❄❄❄❄❄❄❄❄

Tamarillokompott

Zutaten:

10 bis 12 Tamarillos (Baumtomaten), gelb oder rot
1 Tasse Zucker
2 bis 3 cm Zimtstange
Ein paar Esslöffel Wasser
Vanilleessenz, Menge nach Geschmack (ca. ½ Teelöffel)

So wird es gemacht:

☺ Tamarillos in kochendem Wasser blanchieren, in ein Sieb geben und mit kaltem Wasser beträufeln ➞ Schalen entfernen, halbieren und Samen entfernen.
Halbierte Tamarillos in eine Pfanne geben ➞ Wasser, Zucker und Zimtstange dazugeben und ca. 5 Minuten köcheln lassen, dabei ständig rühren, damit die Masse nicht am Pfannenboden kleben bleibt und verbrennt ➞ Pfanne vom Herd nehmen, Zimtstange entfernen, Vanilleessenz dazugeben und rühren, in eine Schale geben und abkühlen lassen.

❄❄❄❄❄❄❄❄❄❄